cahiers libres

DU MÊME AUTEUR

Services secrets. Les services de renseignement sous François Mitterrand (avec Bernard Violet), La Découverte, 1988.

Les généraux. Enquête sur le pouvoir militaire en France, La Découverte, 1990.

Charles Hernu ou la République au cœur, Fayard, 1993.

Au cœur du secret. 1 500 jours aux commandes de la DGSE (avec Claude Silberzahn), Fayard, 1995.

Guerres dans le cyberespace. Services secrets et Internet, La Découverte, 1995 (nouvelle édition en poche : La Découverte, 1997).

Les pires amis du monde. Les relations franco-américaines à la fin du XXᵉ siècle, Stock, 1999 (prix France-États-Unis 1999).

Carnets secrets d'un nageur de combat (avec Alain Mafart), Albin Michel, 1999.

Libération, la biographie, La Découverte, 1999 (prix du livre politique 2000).

Être juste, justement (avec Marylise Lebranchu), Albin Michel, 2001.

La citadelle endormie. Faillite de l'espionnage américain, Fayard, 2002.

L'effroyable mensonge. Thèse et foutaises sur les attentats du 11 septembre (avec Guillaume Dasquié), La Découverte, 2002.

Jean Guisnel

Bush contre Saddam

L'Irak, les faucons et la guerre

ÉDITIONS LA DÉCOUVERTE
9 *bis*, rue Abel-Hovelacque
PARIS XIIIe
2003

Si vous désirez être tenu régulièrement informé de nos parutions, il vous suffit d'envoyer vos nom et adresse aux Éditions La Découverte, 9 *bis*, rue Abel-Hovelacque, 75013 Paris. Vous recevrez gratuitement notre bulletin trimestriel *À La Découverte*. Vous pouvez également retrouver l'ensemble de notre catalogue et nous contacter sur notre site **www.editionsladecouverte.fr**.

Prologue

Le 11 septembre 2001, notre monde est entré dans une nouvelle période de son existence troublée. Parce que les plus graves attentats terroristes de l'histoire venaient de se produire à New York et à Washington, parce que les États-Unis humiliés se devaient de riposter à ce coup terrible, parce que la plus grande démocratie du monde se trouve être depuis la disparition de l'URSS la seule superpuissance militaire, c'est par le fer et le feu que le président américain George W. Bush a choisi de répondre à ce défi. Sur trois terrains.

À l'intérieur même de son pays, il a saisi l'occasion qui lui était offerte par les terroristes de restreindre les libertés publiques, de donner des gages aux durs de durs de la droite conservatrice, de mettre en œuvre des lois d'exception que l'on aurait cru ne jamais voir naître dans un pays se flattant d'être un défenseur intransigeant des droits de l'homme.

Le deuxième terrain d'action, dès octobre 2001, n'a été autre qu'une offensive militaire contre l'un des plus arriérés et des plus pauvres pays du monde, enclavé entre la Russie, la Chine et le sous-continent indien : l'Afghanistan. Un an et demi après le déclenchement de cette guerre, le résultat est mitigé : d'une part, les talibans, soutiens du groupe Al-Qaïda organisateur des attentats, ont bien été évincés du pouvoir. Mais, d'autre part, les nouvelles structures du pays, installées sous la férule

américaine, sont très loin d'avoir apporté la paix dans
l'ensemble du pays. De plus, les moyens considérables
déployés par les armées et les services secrets américains
n'avaient pas permis, alors que nous écrivions ces lignes à la
mi-février 2003, de retrouver l'intégriste islamique Oussama
Ben Laden, chef du réseau Al-Qaïda.

Durcissement intérieur, agressivité envers leurs organisa-
teurs : les effets des attentats demeurent, de ce point de vue,
assez intelligibles. Mais il existe un troisième contrecoup de
cette guerre contre le terrorisme, apparemment devenue le seul
projet de l'administration Bush : une pugnacité farouche envers
un dictateur moyen-oriental dont l'Amérique s'était
jusqu'alors aussi bien accommodée que des autres tortion-
naires sévissant sur la planète : Saddam Hussein, le président
irakien [1].

Pour des raisons que l'on découvrira dans cet ouvrage, l'Irak
est devenu dès septembre 2001 l'une des cibles prioritaires de
l'administration Bush. Les faucons les plus ardents, dont nous
allons faire connaissance, pensent – mais en réalité de longue
date, bien avant les attentats – que Saddam Hussein doit être
évincé, s'il le faut par la force. Peu après les attentats, lorsque
cette idée a été à nouveau avancée, bien peu auraient cru qu'elle
ferait réellement son chemin. Car dans l'histoire de la guerre,
dès lors que des démocraties sont concernées, quelques règles
de base sont appliquées : on n'attaque pas un adversaire sans
casus belli. On recherche toutes les voies de négociation et de
contrainte non militaire avant de passer à l'action. On n'entre
pas dans une phase armée du conflit avant de s'être assuré du
soutien de ses alliés, et notamment de celui de l'ONU.

Or, que s'est-il passé ? Depuis l'automne 2001, l'administration Bush veut engager la guerre contre Saddam Hussein
sans respecter aucun de ces principes. Le *casus belli* ? Il

---

1. Sur la violence dans l'histoire irakienne, et la sauvagerie politique en vigueur
dans ce pays depuis des décennies, on se reportera à une biographie resituant Saddam
Hussein dans le contexte historique : Saïd K. ABURISH, *Saddam Hussein, the Politics
of Revenge*, Bloomsbury, Londres, 2001 (traduction française : *Le Vrai Saddam
Hussein*, Éditions Saint-Simon, Neuilly-sur-Seine, 2002.

n'existe pas. Dans le passé, il y en avait eu un : l'invasion du Koweït en 1990. Mais Saddam Hussein a pris à cette occasion une dérouillée qui lui cuit encore, et il s'est bien gardé de remettre le couvert... L'utilisation des armes chimiques par l'Irak ? Les États-Unis s'en étaient au départ fort bien arrangés, au point d'aider à leur conception ; mais, depuis 1988, Saddam Hussein ne paraît pas en avoir fait usage. Les armes biologiques ? Il en possède sans doute, a poursuivi ses efforts pour s'en doter de nouvelles, mais ne s'en est jamais servi. La dernière en date des attaques biologiques, celle qui s'est produite avec le bacille du charbon sur le sol américain, paraît bien venir de l'intérieur même des États-Unis. Les armes nucléaires ? Le tyran de Bagdad a tenté, par tous les moyens, d'en disposer. Mais s'il a su trouver les techniques pour les fabriquer, s'il s'est procuré, légalement ou pas, les matériels nécessaires, il lui a toujours manqué l'essentiel : les matières fissiles. Les missiles ? Tout indique que les impératifs fixés par l'ONU ont été respectés, et notamment que l'Irak ne dispose que très marginalement, quelques exemplaires tout au plus, d'engins dépassant la limite de 150 kilomètres de portée.

Au fil de l'année 2002, et dans les premiers mois de 2003, les tensions sont progressivement montées entre les États-Unis qui ont décidé la guerre avant de discuter, et les autres qui, de par le monde, entendent que l'Irak soit soumis à la volonté internationale, singulièrement par le respect de la résolution 1441 de l'ONU [2], adoptée en novembre 2002, mais sans décider par avance du recours à la force.

Tandis que les États-Unis déployaient des équipements et des dizaines de milliers de soldats dans les pays environnant l'Irak, avec le soutien du Royaume-Uni et de plusieurs pays européens, une guerre des nerfs s'est engagée avec la France et l'Allemagne, réunies par leur volonté de ne pas voir un véritable problème – le jeu du chat et de la souris de Saddam Hussein cherchant à finasser avec les inspecteurs de l'ONU –

2. Lire en annexe, p. 155.

déboucher sur une guerre. En première ligne côté américain : le secrétaire à la Défense Donald Rumsfeld, qui a choisi les voies de la provocation en qualifiant l'Allemagne et la France de pays représentant la « vieille Europe » ; et en seconde ligne, le secrétaire d'État Colin Powell, naguère partisan d'une solution négociée avec Saddam Hussein, et ayant ensuite rejoint le camp des bellicistes. Le 5 février 2003, il s'est livré devant le Conseil de sécurité de l'ONU à ce qu'il entendait être une démonstration des turpitudes de l'Irak, en présentant des images de satellites-espions, ainsi que des extraits de conversations entre différents acteurs irakiens.

Ces « preuves » n'ont pourtant pu convaincre que ceux qui voulaient l'être. On peut faire dire à peu près ce que l'on veut à des images comme celles qu'il a présentées, et des conversations téléphoniques peuvent être triturées dans tous les sens. Mais ni sur les armes chimiques, ni sur les armes biologiques, et encore moins sur le nucléaire, Colin Powell n'a véritablement offert les fameuses « preuves à l'épreuve des balles » qu'a fourbies durant des mois son collègue du Pentagone, Donald Rumsfeld.

Quant aux allégations sur les liens entre le réseau Al-Qaïda et Saddam Hussein, elles reposent sur des assertions tirées par les cheveux concernant le groupe Ansar Al Islam et son agent Abu Musab Zarkawi, caché dans les montagnes du Kurdistan irakien. Le problème, c'est que tous les renseignements dont se prévaut à son propos Colin Powell, comme d'ailleurs ceux fournis par des dizaines de déserteurs du régime, sont téléguidés par l'opposition irakienne, notamment kurde, qui a tout intérêt à fournir à ses bailleurs de fonds américains tout ce qu'ils peuvent attendre, et davantage encore. On ne peut donc prendre qu'avec des pincettes les propos de Powell, même s'ils expriment à n'en point douter la conviction farouche de l'administration Bush. De plus, le recours par le secrétaire d'État à un document émanant des services secrets britanniques s'est révélé calamiteux. En réalité, le gouvernement de Tony Blair n'avait produit pour « preuves », en février 2003, que le copié-collé du travail d'un étudiant irako-américain, publié dans une revue universitaire israélienne [3] !

Les États-Unis ont voulu la guerre contre l'Irak, à tout prix, ou presque. Et le problème se résume à un constat très simple : ils n'ont aucune raison objective pour la faire. Non que Saddam Hussein soit un dirigeant présentable, c'est clair. Il a massacré des dizaines de milliers de ses concitoyens, fait la guerre à ses voisins comme un coq de village, poursuivait naguère le dessein peu sérieux de dominer l'ensemble du monde arabe, continue d'écraser son pays sous une effroyable botte, et méprise l'humanité entière avec une arrogance insupportable [4]. Et, en plus, il ment effrontément : il dissimule ses armements et refuse que quiconque vienne mettre le nez dans ses affaires, comme à peu près tous les dirigeants du monde, mais en prétendant le contraire.

Pourtant, toutes ces vilenies réunies ne justifient pas une guerre. Ou alors, les États-Unis devraient logiquement partir en guerre contre une bonne partie des États de la planète… Reste qu'aujourd'hui l'Amérique veut rayer le dictateur irakien de la surface de la terre et marche depuis le 11 septembre 2001 dans cette direction. Et comme un général qui supprimerait derrière lui toutes les voies de retraite, George W. Bush a progressivement coupé tous les ponts qui pourraient le ramener à une vision plus sereine des choses. Un recul serait pour lui un échec, et il l'exclut donc.

L'une des raisons pour lesquelles tout recul lui est interdit, sauf à perdre la face et à sombrer, c'est que la guerre contre l'Irak va en réalité beaucoup plus loin que l'éviction de Saddam Hussein. Et le pétrole lui-même, on le verra, n'est pas une motivation suffisante pour expliquer cette volonté. Certes, des arguments forts plaident en faveur du désir de l'administration américaine de placer le contrôle des approvisionnements

---

3. Ibrahim AL MARASHI, « Iraq's security and intelligence network », *Middle East Review of International Affairs*, septembre 2002.

4. Pour une vue complète de la situation intérieure irakienne, le meilleur ouvrage en français est celui de Pierre-Jean LUIZARD, *La Question irakienne*, Fayard, Paris, 2002.

mondiaux en pétrole devant tous ses autres impératifs stratégiques – ce qui passerait par la mainmise sur la production et les
réserves irakiennes [5]. Mais force est de constater que d'autres
motivations existent, plus prioritaires que le pétrole. Notamment la recomposition géopolitique du Moyen-Orient, impliquant la suppression de l'abcès de fixation irakien, la réduction
du rôle saoudien, le soutien accru à la Jordanie et à la Turquie.
La sécurité d'Israël, à très long terme, est à ce prix. Et, nous le
verrons, les faucons n'ont pratiquement pas d'autre idée en
tête...

---

5. Edward L. MORSE et Amy MYERS JAFFE (dir.), *Strategic Energy Policy Chal-
lenges for the 21ˢᵗ Century*, James A. Baker III Institute for Public Policy of Rice
University, Council on Foreign Relations, avril 2001.

1

Tyran, terreur

Qui gagnera la partie de poker menteur ? C'est toute la question qui se pose après le 17 septembre 2002, après l'acceptation par l'Irak du retour des inspecteurs de l'ONU sur son sol. Placés sous l'autorité du secrétaire général de l'organisation internationale, ces inspecteurs, tous experts dans le domaine des armes de destruction massive, appartiennent à deux structures distinctes : l'UNMOVIC (Commission de surveillance, de vérification et d'inspection des Nations unies ; en français : COCOVINU) et l'AEIA (Agence internationale de l'énergie atomique).

En retournant sur le sol irakien, les quelques dizaines d'inspecteurs dépêchés par l'ONU et dirigés par le Suédois Hans Blix et l'Égyptien Mohamed El-Baradei poursuivent une double mission : s'assurer que l'Irak n'a pas triché en ce qui concerne ses programmes d'« armes de destruction massive et de missiles balistiques » et qu'il remplit donc les conditions fixées par le Conseil de sécurité de l'ONU, dans le cadre de la résolution 1441 du 8 novembre 2002 [1]. Celle-ci avait été acquise de haute lutte après deux mois de guérilla verbale et diplomatique entre plusieurs membres permanents du Conseil de sécurité : ses promoteurs, d'une part, les États-Unis et le

---

1. Voir texte intégral en annexe, p. 155.

Royaume-Uni et, d'autre part, un front du refus mené par la Russie et, surtout la France.

Une vieille histoire

En 1991, à l'issue de la guerre du Golfe, la question classique du désarmement du belligérant vaincu s'est posée. Pour le Conseil de sécurité de l'ONU, il n'y avait pas de place pour les tergiversations : au regard des menaces bien réelles continuant de peser sur les États voisins de l'Irak, mais aussi sur les populations irakiennes elles-mêmes, aucune autre solution ne se présentait que l'interdiction totale et définitive des armes nucléaires, biologiques et chimiques en possession de Saddam Hussein, ainsi qu'une limitation drastique des missiles balistiques et autres moyens capables de procéder à la « livraison » des substances mortelles.

De longue date, la communauté internationale savait le dictateur irakien en possession d'armes chimiques, et notamment de grosses quantités d'un puissant neurotoxique, le sarin. Il en avait fait usage à plusieurs reprises, durant la guerre contre l'Iran en provoquant des milliers de morts lors des offensives du début des années 1980. Et aussi en 1988 contre la population kurde, en faisant là encore des milliers de morts. Concernant les armes biologiques, il y avait également toutes raisons de s'inquiéter : dans le monde entier, Saddam Hussein avait acquis tous les moyens d'en fabriquer, et il n'y avait aucune raison de mettre en doute sa volonté d'arriver à ses fins et de chercher à disposer dans son arsenal d'infâmes virus et autres substances de mort aptes à dissuader tout agresseur de s'en prendre au territoire irakien, à son armée ou à sa personne. Quant au nucléaire, là encore la messe était dite : en 1991, Saddam Hussein cherchait toujours à se procurer par tous les moyens possibles les capacités industrielles de fabriquer une bombe atomique, comme il n'avait jamais cessé de le faire depuis le début des années 1970.

Pour l'ONU, l'heure était donc venue de terrasser une fois pour toutes le dictateur à genoux après la guerre et son piteux retrait du Koweït. L'instrument juridique de cet anéantissement militaire programmé sera la résolution 687 du Conseil de sécurité, adoptée le 3 avril 1991. Elle prévoit la mise en place d'une commission d'inspection aux pouvoirs étendus, l'UNSCOM (United Nations Special Commission), ainsi que celle d'une unité spéciale de l'AIEA (Agence internationale de l'énergie atomique), l'AT-IAEA (Action Team-International Atomic Energy Agency).

Dans la foulée de la défaite irakienne, les conditions imposées par l'ONU sont draconiennes : les inspecteurs auront le droit de se déplacer librement en Irak, de réclamer tout document qu'ils jugeront utile, de rencontrer qui leur semblera bon, etc. Les effectifs des missions ne sont pas démesurés : l'UNSCOM disposera de quelques dizaines d'inspecteurs sur le terrain, travaillant sous les ordres d'un patron installé à New York avec cinquante collaborateurs, et autant d'autres répartis entre Bahreïn et Bagdad.

De 1991 à 1998, l'UNSCOM procédera à deux cent cinquante inspections, à la fois dans les installations déclarées par l'Irak et dans des lieux dont Bagdad ne souhaitait pas révéler l'existence. L'Irak estime pour sa part que plus de cinq cents installations de tous types ont été vérifiées durant cette période. Des systèmes de surveillance automatique (caméras, analyseurs d'air, détecteurs de rayons gamma, etc.) furent installés, et les découvertes considérables.

En décembre 1998, les inspecteurs avaient quitté le pays après que Saddam Hussein avait refusé qu'ils inspectent ses palais personnels. Les États-Unis et la Grande-Bretagne avaient alors lancé l'opération aérienne *Desert Fox*, et le *statu quo* aura prévalu jusqu'au 17 septembre 2002, lorsque le président irakien, soucieux de desserrer l'étau, a fait part de son accord sans condition pour un retour des inspecteurs. Depuis, la polémique fait rage entre les États-Unis, qui affirment que l'Irak n'a pas rempli ses obligations, et Saddam Hussein, qui prétend évidemment le contraire, en se trouvant de très

11

nombreux appuis, parfois sidérants. Ainsi l'ancien inspecteur de l'UNSCOM Scott Ritter, naguère accusé par l'Irak d'espionner au profit des États-Unis, s'est-il rendu à Bagdad en septembre 2002 pour déclarer au Parlement irakien : « La vérité, c'est qu'on n'a pas démontré que l'Irak possède des armes de destruction massive, parce qu'il aurait maintenu une capacité interdite de production, ou qu'il essaie aujourd'hui de la réacquérir [2]. »

Le fait que l'acceptation par Saddam Hussein d'un retour des inspecteurs soit réellement « sans condition » pose question et on supposait, dès le jour même, que le maître de Bagdad n'avait pas jeté toutes ses cartes sur la table… Cet homme a tant de choses à cacher ! Les questions posées par le développement clandestin de ce terrible arsenal, dont l'existence n'est pourtant pas démontrée de façon formelle, ont été posées le 9 septembre 2002 à Londres par John Chipman, directeur de l'IISS (International Institute for Strategic Studies) à l'occasion de la publication d'un rapport sur ce thème [3]. Elles concernent quatre sujets d'inquiétude : 1) le niveau des avantages tirés par l'Irak de l'absence durant quatre ans des inspecteurs de l'ONU ; 2) la capacité qu'a eue l'Irak d'obtenir une assistance étrangère décisive par des violations du régime des sanctions ; 3) sa capacité à échapper aux techniques sophistiquées de surveillance mises en place ; 4) la confiance que l'on peut accorder aux informations transmises par des déserteurs irakiens.

---

2. David ROSE, « Hero of doves forgets when he was a hawk », *The Observer*, 15 septembre 2002. Devenu un farouche adversaire de la politique américaine contre l'Irak, Ritter a détaillé son point de vue dans un livre d'entretien : William RIVERS PITTS et Scott RITTER, *War on Iraq. What Bush Team Doesn't Want You to Know*, Context Books, New York, 2002. Traduction française : *Guerre à l'Irak. Ce que l'équipe Bush ne dit pas*, Serpent à plumes, Paris, 2002.
3. IISS, *Iraq's Weapons of Mass Destruction : a Net Assessment*, Londres, 2002.

Quels prétextes pour la guerre ?

Rappelons en deux mots les enjeux tels que les prévoit la résolution 1441 : si les inspecteurs de l'ONU découvrent la preuve de la présence d'armes prohibées dissimulées en Irak, ou si ce dernier pays ne coopère pas « pleinement » avec les représentants de la communauté internationale chargés de découvrir ces preuves, alors cette « nouvelle violation substantielle » de ses obligations pourra ouvrir la voie à des sanctions militaires.

Comme prévu, le 27 janvier 2003, les deux chefs de la mission d'inspection en Irak, Mohamed El-Baradei et Hans Blix, ont présenté leurs rapports à New York, devant le Conseil de sécurité. Pour le premier, chargé de la recherche des preuves en matière d'armement nucléaire, il n'existe pas de raison de s'inquiéter outre mesure et il se dit prêt, avec du temps supplémentaire, à « donner de manière crédible l'assurance que l'Irak n'a pas de programme nucléaire ». Pour Hans Blix, plus circonspect, « l'Irak semble ne pas avoir complètement accepté, même aujourd'hui, le désarmement qui lui a été réclamé et qu'il doit mener pour gagner la confiance du monde ». Et de rappeler plusieurs des interrogations déjà relevées en son temps par l'UNSCOM, tout en reprochant à l'Irak plusieurs manquements à ses obligations, dont l'acquisition à l'étranger de 380 moteurs de missiles et le refus de survol de son territoire par des avions espions U2.

Dès avant que ces rapports soient rendus publics, les États-Unis avaient accepté de revoir le calendrier et n'ont donc pas présenté d'objection à un nouveau délai pour poursuivre les inspections pendant quelques semaines après le 27 février. À l'issue de ce délai, les troupes amassées dans le Golfe seront plus nombreuses, et une attaque contre l'Irak deviendra d'autant plus plausible, si rien ne change d'ici là, que les États-Unis s'estimeront fondés, comme l'a dit George W. Bush à plusieurs reprises, à engager l'offensive qu'ils appellent de leurs vœux. Avec les alliés qui voudraient les suivre, ou bien seuls.

Washington estime qu'une nouvelle résolution de l'ONU n'est pas nécessaire pour entrer dans la guerre, et force est de constater, à la lecture de la résolution 1441, que cette analyse est conforme au texte. Un avis que ne partagent pourtant pas certains autres membres permanents du Conseil de sécurité, dont la France et la Russie. Le ministre français des Affaires étrangères, Dominique de Villepin, a même averti les États-Unis, le 21 janvier, que la France serait prête à opposer son veto à l'enclenchement d'une guerre... ouvrant ainsi la voie à l'éclatement de la plus violente crise entre les États-Unis et la France, depuis 1956 et la condamnation américaine de l'expédition franco-britannique de Suez. La colère américaine s'était alors soldée par un pitoyable et honteux recul de Londres et de Paris. Depuis l'arrivée de George W. Bush aux affaires, en janvier 2001, les motifs de discorde se sont d'ailleurs multipliés ; du refus américain d'avaliser les accords de Kyoto sur le réchauffement de la planète à la récusation de la nouvelle Cour pénale internationale, les divergences s'aggravent, toutes marquées par le refus de Paris, souvent soutenu par Berlin, de laisser l'Amérique impériale se comporter comme l'étalon dans le corral.

La question récurrente depuis le début de la crise irakienne, c'est-à-dire pratiquement depuis le 11 septembre 2001, consiste pour l'administration Bush à trouver les moyens d'engager une guerre sans *casus belli*. Mais comment les États-Unis justifieraient-ils une attaque militaire et une invasion de l'Irak sans que quiconque ait réuni d'autres « preuves » que de maigres pièces de quincaillerie ? Quelles sont ces fameuses « armes de destruction massive » dont on parle tant ? Quelques-unes auraient-elles résisté aux démolitions systématiques organisées par les inspecteurs de l'ONU jusqu'en 1998 ? Faisons un peu de vocabulaire et reprenons l'argumentaire de George W. Bush selon lequel l'Irak possède des « armes de destruction massive », ce qui justifie à ses yeux une intervention militaire à son encontre. Depuis le début de l'été 2002, et après avoir pratiquement renoncé à mettre en avant l'existence supposée de liens étroits entre Saddam Hussein et l'organisation terroriste Al-Qaïda, les dirigeants américains n'évoquent pratiquement plus que ces armes pour justifier par avance une intervention militaire.

Mais qu'est-ce au juste qu'une « arme de destruction massive », terme apparu durant la Guerre froide ? Pour la Maison-Blanche, c'est clair : les armes nucléaires, biologiques et chimiques appartiennent à cette catégorie. Mais nombre d'experts et de spécialistes du contrôle des armements contestent cette classification. À leurs yeux, les armes chimiques et bactériologiques, aussi atroces et destructrices soient-elles, ne sont pas comparables dans leurs effets aux armes atomiques. Et pourtant, que constate-t-on ? Si la communauté internationale a banni les armes chimiques et bactériologiques — en tout cas sur le papier —, il n'en va pas de même pour les armes atomiques.

Les cinq pays membres permanents du Conseil de sécurité des Nations unies (Chine, États-Unis, France, Royaume-Uni, Russie) possèdent l'arme nucléaire, qui leur confère cette légitimité mutuellement reconnue à piloter les affaires du monde. De plus, l'acquisition de l'arme atomique par trois autres pays (Inde, Israël, Pakistan [4]) n'a pas provoqué de sanction particulière ou de bannissement par la communauté internationale. Pour autant, et selon le chercheur américain Wolfgang Panofsky, il convient de faire la distinction entre les armes nucléaires — les seules pouvant être traitées d'« armes de destruction massive » — et les autres : « Si des armes biologiques virulentes devaient être répandues au-dessus d'une population exposée, le rapport entre leur pouvoir mortel et leur masse pourrait être comparable à celui de l'arme nucléaire. Toutefois, pour que cet horrible scénario survienne, les toxiques ne peuvent pas être répandus lors d'une seule explosion, mais au contraire pulvérisés avec un mécanisme adapté, soit à partir d'un réservoir, soit à l'aide de charges fractionnées

---

4. Un neuvième pays, l'Afrique du Sud, avait fabriqué six bombes atomiques entre 1974 et 1990. Elles ont été détruites entre 1990 et 1993, avant l'arrivée de la majorité noire au pouvoir.

larguées par un missile. La toxicité du produit dépend largement des conditions météorologiques locales et de celles de sa
délivrance, la durée de vie de telles substances étant généralement faible [5]. » Et l'auteur de proposer que ces terribles armes
non nucléaires soient appelées « armes de destruction non
discriminante », ou « armes de terreur ».

Les mots ont un sens, et les arguments sont précis. Ainsi,
lorsque le vice-président américain Dick Cheney parle de
Saddam Hussein le 26 août 2002, il évoque un « dictateur qui a
déjà montré sa volonté d'utiliser des armes de destruction
massive ». Réexaminons cette question d'un point de vue plus
global, sans nous laisser abuser par la propagande américaine.
Et admettons en particulier un élément trop souvent négligé :
Saddam Hussein n'est pas le seul à posséder des armes
chimiques et bactériologiques ; c'est aussi le cas de la Russie,
mais également des États-Unis, qui n'ont pas fini de détruire
leurs stocks massifs constitués jusque dans les années 1970. De
plus, Saddam Hussein n'est pas non plus le seul à posséder des
armes nucléaires, à supposer que ce soit le cas. En revanche, il
est le seul dirigeant vivant au monde à avoir utilisé des armes
chimiques contre sa propre population (à tout le moins jusqu'à
l'utilisation dans des conditions troubles de gaz Fentanyl
— selon les autorités russes — lors d'une prise d'otages dans
un théâtre de Moscou le 25 octobre 2002, qui s'est soldée par au
moins 119 morts, dont de nombreux otages, et près de
700 blessés ; mais admettons que Vladimir Poutine n'a pas
délibérément choisi de tuer des milliers de ses propres concitoyens avec des gaz toxiques [6]).

Voilà la spécificité de Saddam Hussein. Car, pour le reste, il
est en bonne compagnie… américaine : Woodrow Wilson,
président des États-Unis durant la Première Guerre mondiale, a
utilisé les armes chimiques sur les champs de bataille

---

5. Wolfgang PANOFSKY, « Dismantling the concept of weapons of mass destruction », *Arms Control Today*, avril 1998.
6. En fait, les méthodes de l'armée russe en Tchétchénie n'ont rien à envier à celles
de l'armée irakienne au Kurdistan…

européens. Et son successeur Harry Truman est le seul dirigeant de la planète à avoir jamais utilisé l'arme nucléaire, au
point d'en avoir lancé deux contre les villes japonaises d'Hiroshima (70 000 morts) et de Nagasaki (40 000 morts) en 1945.
Près de soixante ans après les faits, la pertinence de cette décision fait toujours l'objet d'âpres discussions…

Peu de doutes sur les armes chimiques

En réalité, une relative unanimité s'est faite sur la nature des
armements de terreur irakiens : pas un expert ne conteste que le
danger principal de l'Irak se trouve bien du côté des armes
chimiques, dans la mesure où personne ne doute sérieusement
que Saddam Hussein soit parvenu à cacher des armes interdites dans l'immensité de son territoire. Certes, des tonnes de
produits toxiques, des milliers d'obus et de têtes de missiles
Scud capables de transporter ces produits aux effets dévastateurs avaient été détruits par les inspecteurs de l'UNSCOM.
Mais durant des années, l'Irak s'est livré avec ardeur au jeu du
chat et de la souris, cherchant effrontément à tromper les
inspecteurs, tandis que l'UNSCOM se transformait progressivement, à son corps défendant, en un pseudopode des services
de renseignements américains.

Lorsque les inspecteurs de l'UNSCOM quittèrent l'Irak le
16 décembre 1998, estimant qu'ils ne pouvaient plus y
travailler, ils avaient acquis la conviction que le pays avait bel
et bien détruit nombre d'armes prohibées. Dans son rapport
remis au Conseil de sécurité de l'ONU le 30 mars 1999, le
Brésilien Celso Amorim précisait que la destruction avait été
vérifiée pour 88 000 obus chimiques et 4 000 tonnes de
« produits précurseurs [7] ». Mais les inspecteurs n'ont jamais pu
retrouver 2 000 obus vides, ni 50 têtes de missiles destinés en

---

7. Ce terme désigne tout réactif chimique entrant à un stade quelconque dans la
fabrication d'un produit chimique toxique, quel que soit le procédé utilisé.

17

emporter des gaz de combat, ni 500 obus remplis de gaz moutarde, ni 500 bombes R-400 pour avions [8]...

Très vieille histoire, déjà, que celle de l'effort d'armement irakien en matières d'armes non conventionnelles : la production industrielle de gaz de combat commença en 1982, et l'Irak a mis à profit toute la décennie 1980 pour constituer des stocks de produits précurseurs, pour fabriquer au moins 500 tonnes de VX [9] et de grandes quantités de gaz moutarde (ypérite), de tabun et de sarin [10]. Durant la guerre contre l'Iran, entre 1980 et 1988, ces gaz de combat furent utilisés à plusieurs reprises contre les troupes iraniennes.

À l'été 1998, une polémique éclata entre l'UNSCOM et la France : des traces de produits toxiques découverts dans une tête de missile irakien analysée par la DGA (Délégation générale pour l'armement) française furent considérées par les chimistes militaires français comme n'étant pas nécessairement liés à du VX ; ce dont, pour leur part, les experts de l'UNSCOM se disaient persuadés. Le problème, c'est qu'il est acquis que des stocks ont été dissimulés et conservés par l'armée irakienne et qu'il n'est pas moins certain que, malheureusement, Saddam Hussein n'hésitera pas à s'en servir le cas échéant. On a vu qu'il l'a déjà fait dans le passé à plusieurs reprises, y compris contre sa propre population en 1988. Ce que

---

8. <http://www.un.org/Depts/unmovic/documents/AmorimF.PDF>.

9. Agent neurotoxique agissant sur les muscles respiratoires, dont la composition est proche de celle de certains insecticides.

10. Notre propos n'étant pas de détailler la nature des armements chimiques et biologiques, le lecteur pourra se reporter à des ouvrages et articles de référence récents : Olivier LEPICK, *Les Armes chimiques*, Presses universitaires de France, coll. « Que sais-je ? », Paris, 1999 ; Patrice BINDER et Olivier LEPICK, *Les Armes biologiques*, Presses universitaires de France, coll. « Que sais-je ? », Paris, 2001 ; Claude MEYER, *L'Arme chimique*, Ellipses/FRS, Paris, 2001 ; Dominique LEGLU, *La Menace. Bioterrorisme : la guerre à venir*, Robert Laffont, Paris, 2002 ; Pierre RICAUD, « Armes chimiques et biologiques », *Encyclopædia Universalis*, version 8, 2002 ; Judith MILLER, Stephen ENGELBERG et William BROAD, *Germes. Les armes biologiques de la guerre secrète*, Fayard, Paris, 2002 ; Ken ALIBEK et Stephen ANDELMAN, *La Guerre des germes. L'histoire vraie du secret le plus terrifiant de la guerre froide*, Presses de la Cité, Paris, 2000 ; Richard PRESTON, *The Demon in the Freezer*, Random House, New York, 2002.

le directeur de la FRS (Fondation pour la recherche stratégique) française, François Heisbourg, nous a traduit par la formule : « Nous savons depuis vingt-cinq ans qu'il a du chimique, qu'il continue à en produire et qu'il l'utilisera le cas échéant sur le champ de bataille. » Saddam Hussein était tout à fait prêt à cette éventualité durant la guerre du Golfe, et n'a été retenu d'utiliser cette arme que par la crainte de représailles nucléaires américaines. Mais cinquante missiles Scud armés de têtes chimiques étaient déployés…

Un bon indice de la plausibilité de la possession d'armes chimiques par une puissance quelconque est fourni par l'analyse des moyens dont elle se dote pour protéger ses propres soldats. De ce point de vue, une source possédant une bonne connaissance de ce dossier m'a affirmé, dès septembre 2002 [11], que l'ONU avait très récemment acquis la certitude — et en possédait des preuves tangibles — que l'Irak a acheté depuis le tout début des années 2000 des stocks importants d'atropine, un antidote puissant, ainsi que des seringues auto-injectantes permettant au combattant de s'administrer lui-même l'antidote. Bien que la provenance de ces équipements n'ait alors pas été dévoilée [12], cette information demeurait inquiétante à plus d'un titre, et singulièrement parce qu'aucune armée occidentale ne peut garantir l'efficacité absolue de ses propres moyens de défense…

De plus, les armements chimiques constituent une arme de terreur ultime contre des populations civiles mal protégées, et il est clair que, de ce point de vue, les concentrations urbaines israéliennes voisines de l'Irak sont particulièrement vulnérables. Et personne n'ignore que, dans une telle hypothèse, Israël ne resterait pas sans réaction… En clair : si la population israélienne était visée par des armements chimiques, les dirigeants du pays pourraient en déduire que la survie même de

---

11. Jean GUISNEL, « L'inquiétant arsenal irakien », *Le Point*, 20 septembre 2002.

12. Ce sera fait deux mois plus tard, la presse américaine indiquant que l'atropine aurait été acquise dans le cadre de l'accord pétrole contre nourriture, dans différents pays, dont la Turquie et la France. Au vu et au su des États-Unis, naturellement.

l'État hébreu est en cause et décider de recourir à l'arme nucléaire, préventivement ou en représailles. Clôturant de ce seul fait le chapitre ouvert par Oussama Ben Laden le 11 septembre 2001, et ouvrant une nouvelle page de l'histoire du monde...

Selon Bagdad, les armes chimiques de son arsenal ne sont plus qu'un souvenir. Selon l'ONU, qui s'appuie sur des informations et des analyses des services de renseignement occidentaux, mais aussi — essentiellement — sur des déclarations de déserteurs irakiens, ces productions n'ont jamais cessé. Selon l'un de ces déserteurs présenté par le *New York Times* comme un certain Ahmed Al-Shemri (il s'agit d'un pseudonyme), l'Irak n'aurait pas seulement poursuivi la fabrication d'armes chimiques après 1991 ; il aurait également poursuivi ses recherches, au point d'avoir découvert le moyen de « solidifier » le VX, rendant difficile son nettoyage sur les vêtements des victimes en ayant été aspergées [13]. L'assertion reste à confirmer...

L'atroce gazage des Kurdes en 1988

Évidemment, les craintes internationales ne seraient pas les mêmes si l'Irak n'avait jamais utilisé l'arme chimique. Or, on l'a vu, dans une période récente, il y a eu recours. Avec l'appui des Américains, c'est un fait historiquement établi ! L'histoire se déroule au début des années 1980 et Ronald Reagan — qui a suffisamment fricoté avec les mollahs iraniens pour leur demander de conserver plusieurs dizaines d'otages américains jusqu'à ce que son élection contre Jimmy Carter soit acquise [14] — entend alors mettre fin à sa collaboration avec les

---

13. Michael R. GORDON et Judith MILLER, « US says Hussein intensifies quest for A-bomb parts », *The New York Times*, 8 septembre 2002.

14. Cette extraordinaire manipulation a conduit en toute illégalité les dirigeants américains à fournir des armes aux Iraniens, avec l'aide d'Israël et de l'Arabie saoudite. Les profits réalisés furent utilisés pour soutenir illégalement les *contras* nicaraguayens. Connu sous le nom d'*Iran-Contra Affair* (Irangate, en « français »), ce scan-

barbus. Il fait donc volte-face et va aider leurs pires ennemis, les Irakiens. Car entre les chiites radicaux, théocrates totalitaires et rétrogrades, et le tyran de Bagdad, laïc et — si le terme a un sens, le concernant — « progressiste », les choses ne pouvaient que mal se passer. En septembre 1980, Saddam Hussein avait pris l'initiative d'agresser les Iraniens, pour les empêcher de soulever la population chiite irakienne contre lui, et leur tailler quelques croupières territoriales au passage, avec succès durant les premières semaines.

Mais surprise ! Les ayatollahs ont beau n'avoir pris le pouvoir que l'année précédente, ils ont de la ressource et vont le prouver. À tel point qu'en mars 1982 ils engagent une contre-offensive massive qui va culminer en 1984 avec des menaces précises sur la ville de Bassorah. Pour les pays arabes, pour la France et l'URSS, mais aussi pour les États-Unis, Saddam Hussein ne peut, ne doit pas perdre. Les voisins arabes — essentiellement le Koweït qui paiera cher, plus tard, le fait de réclamer son argent — prêtent des pétrodollars à Saddam quand les Occidentaux et les Soviétiques fournissent des armes. Des chars arrivent de Moscou, des avions et des missiles de France ; mais des États-Unis, ce sont des éléments constitutifs des armes de terreur qui arrivent ! Entre autres…

Lorsque les Irakiens commencent à se trouver vraiment mal en point, Ronald Reagan choisit un homme sans fonction officielle, le président de la firme pharmaceutique G.D. Searle & Co, pour aller discuter avec Saddam Hussein des moyens que les États-Unis peuvent mettre à sa disposition. La rencontre avec l'envoyé spécial américain a lieu le 20 décembre 1983, et le fait que Saddam Hussein soit déjà dépeint comme le boucher de son peuple et comme un possesseur incontrôlable de technologie nucléaire, soupçonné de surcroît de recourir aux gaz de combat, ne gêne pas cet Américain discret, qui sera alors filmé par la télévision irakienne serrant la main de son hôte. Cet

---

dale a terni la présidence de Reagan. Pour une version synthétique, voir Jean GUISNEL, *La Citadelle endormie. Faillite de l'espionnage américain*, Fayard, Paris, 2002, p. 76-80.

envoyé très spécial s'appelle Donald Rumsfeld et, on le verra, il fera beaucoup parler de lui près de vingt ans plus tard, quand les États-Unis partiront en guerre contre Saddam Hussein...

Au fond, on peut comprendre la *realpolitik* américaine, dont ce n'est certes pas la première manifestation dans la région. Rumsfeld était très précisément venu négocier à Bagdad l'aide que les États-Unis allaient apporter à l'Irak en matière de renseignement, pour permettre aux armées irakiennes de mieux préparer leurs attaques — à savoir celles menées avec des munitions chimiques — contre les armées iraniennes [15]. Le lien fut ensuite concrétisé et mis en place directement par le patron de la CIA William Casey, quelques jours après que la troisième et dernière livraison clandestine d'armes à l'Iran est intervenue. Mais si la pratique des fournitures secrètes d'armes et de renseignement à deux belligérants en cours de conflit est une constante des politiques de ventes d'armes — tout en armant l'Irak, la France vendait bien des obus à l'Iran dans le cadre de l'affaire Luchaire [16] ! —, il y avait un pas à franchir que les Américains paraissent, à ce que l'on en sait à ce jour, avoir été les seuls à effectuer.

À l'époque, la défaite de l'Irak n'était pas une option acceptable. Au nom du vieux principe selon lequel « l'ennemi de mon ennemi est mon ami », les États-Unis entendaient soutenir Saddam Hussein, y compris s'il utilisait des armes chimiques sur le champ de bataille. Le rapport de forces était, sur le papier, largement favorable à l'Irak, qui disposait d'une armée quatre fois supérieure à celle des ayatollahs, aussi bien en nombre de combattants — un million d'hommes contre 250 000 — qu'en matériel. Mais les Iraniens possédaient une force que l'on

---

15. Christopher DICKEY et Evan THOMAS, « How Saddam happened », *Newsweek*, 23 septembre 2002. Cette affaire avait été mentionnée pour la première fois seize ans plus tôt, *in* Bob WOODWARD, « CIA aiding Iraq in Gulf War ; target data from US satellites supplied for nearly 2 years », *The Washington Post*, 15 décembre 1986. Pour une chronologie des relations amicales États-Unis/Irak avant la guerre du Golfe : <http://www.cam.ac.uk/societies/casi/info/usdocs/usiraq80s90s.html>.

16. Pour une synthèse sur l'affaire Luchaire, voir Jean GUISNEL, *Charles Hernu ou la République au cœur*, Fayard, Paris, 1993, p. 492-497.

croyait faussement devenue inutile à l'âge des armées techniques : une population deux fois plus nombreuse que celle de son agressif voisin. Et ce sont des « vagues humaines » que les Gardiens de la révolution lancèrent début 1984 avec succès contre les forces irakiennes, qui allaient être enfoncées lorsque Saddam décida l'emploi massif de gaz de combat contre ces assaillants.

Le recours à ces moyens de guerre prohibés fut fréquent, côté irakien, jusqu'à la fin de cette guerre et au terrible gazage des populations kurdes à Halabja, en mars 1988, qui fit près de 7 000 morts [17]. Il est clair que non seulement les États-Unis savaient dès le début que les troupes irakiennes utilisaient les gaz de combat, mais en outre que les agents de la CIA et de la DIA (Defense Intelligence Agency) envoyés sur place savaient pertinemment de quoi il retournait : l'une de leurs fonctions essentielles consistait précisément à fournir aux Irakiens les images provenant des satellites espions, qui permettaient de connaître l'ordre de bataille iranien, mais aussi d'attester la nature et l'étendue des dégâts provoqués en territoire ennemi par les attaques irakiennes.

Le colonel Walter P. Lang, l'un de ces agents de la DIA concernés au premier chef par le soutien à l'Irak, a pu confier par la suite que « l'usage de gaz de combat sur le champ de bataille par les Irakiens ne constituait pas un sujet de profonde préoccupation stratégique. [...] Un usage contre les populations civiles n'aurait jamais été accepté, mais l'usage des armes chimiques contre des objectifs militaires était considéré comme inévitable dans la lutte de l'Irak pour sa survie [18] ». Les États-Unis en resteraient-ils là ? Non...

---

17. Lire notamment à ce sujet HUMAN RIGHTS WATCH, *Genocide In Iraq. The Anfal Campaign Against The Kurds*, 1993 (<http://www.hrw.org/reports/1993/iraqanfal/>).

18. Patrice E. TYLER, « Officers say US aided Iraq despite use of gas », *The New York Times*, 18 août 2002.

Hypothétiques armes biologiques

Car durant ces funestes années 1984-1985, des scientifiques américains allaient fournir à leurs collègues irakiens des souches de terribles maladies, dont la seule utilité paraît être la réalisation d'armes biologiques... Il y a tout de même de quoi s'étonner ! Les souches de la peste, du botulisme et de la maladie du charbon, pour ne citer que les plus virulentes, paraissent avoir ainsi été transférées en Irak depuis les États-Unis, comme le rappellera à l'été 2002 le sénateur démo-crate Robert Byrd, l'un des rares parlementaires américains à faire entendre sa voix contre la guerre [19]...

Mais, pour l'heure, on est encore en 1985 et il faudra attendre plus de dix ans pour que les États-Unis se rendent compte que les programmes irakiens, qu'ils combattent avec tant de vigueur depuis la guerre du Golfe, utilisent des produits et des méthodes venant de chez eux ! Il est indiscutable que le programme d'armement biologique irakien constitue un vrai problème. Démarré dès le milieu des années 1970, il a atteint sa pleine capacité de production en 1990-1991, et ne fut jamais repéré par les forces de la coalition anti-irakienne. La décou-verte de cette capacité fut l'une des grandes surprises des inspecteurs de l'UNSCOM, qui durent cependant attendre 1995 pour en acquérir la conviction.

Celle-ci fut complète après la défection du gendre de Saddam Hussein, Hussein Kamel, vers la Jordanie. En fait, la production de bacille du charbon (anthrax) et de toxine botu-lique était effective dès 1989, pour rapidement devenir consi-dérable. Selon l'UNSCOM, l'Irak avait fabriqué avant l'inva-sion du Koweït plus de 100 000 litres de bacille du charbon, et 500 000 litres de toxine botulique. Durant la guerre du Golfe, les unités militaires qui en étaient dotées avaient pour instruc-tion de s'en servir en cas d'avancée des troupes alliées sur Bagdad, en appliquant les mêmes procédures que pour les armes chimiques.

---

19. *Congressional Record* (Sénat), 20 septembre 2002, p. S 8987.

Lors du départ des inspecteurs de l'UNSCOM en 1998, la plupart des stocks n'avaient pas été découverts, et certains experts estiment que des avions d'entraînement L-39 ont pu être aisément transformés en drones sans pilote pour répandre ces produits jusqu'à 600 kilomètres de leur base. En septembre 2002, l'IISS (International Institute for Strategic Studies) pronostiquait des centaines de milliers de morts en cas de recours à ces produits. Lesquels demeurent tout de même d'un usage complexe, eu égard au fait qu'il s'agit de matières « vivantes » exigeant des conditions de stockage et de manipulation particulières. Les armes biologiques sont par nature différentes des armes chimiques, car elles ne se détruisent pas par simple dispersion et dilution dans l'atmosphère. Ces poisons agissent en provoquant des maladies incurables, que les premières victimes touchées transmettent aux suivantes, démarrant ainsi une épidémie.

À partir de septembre 2002, l'ONU a cherché à déterminer dans quelle mesure les Irakiens auraient repris la production d'armements biologiques, après le départ des inspecteurs de l'UNSCOM. Car il faut prendre très au sérieux le fait que l'Irak a produit des armes biologiques durant plus de vingt ans, a disposé d'une capacité industrielle adaptée, mais aussi des indispensables équipes techniques de recherche et de production. À la fin de janvier 2003, aucune preuve tangible de la poursuite de ces efforts n'avait été trouvée, et les inquiétudes manifestées quelques mois plus tôt dans le rapport de l'IISS, qui demeure la meilleure synthèse sur le sujet, demeuraient inchangées : « L'Irak possède la capacité de concevoir et de fabriquer les éléments nécessaires pour produire et traiter des agents de guerre biologique, de même que les moyens de les répandre [20]. »

20. *Iraq's Weapons of Mass Destruction...*, *op. cit.*, p. 39.

Doutes sur les armes nucléaires

La fabrication d'une arme atomique, même rustique, est l'obsession de Saddam Hussein depuis sa prise de pouvoir. Pour quoi en faire ? Les analyses ont évolué sur ce point, mais en 1988, alors que les États-Unis étaient encore au mieux avec l'Irak, la CIA accordait à Saddam Hussein qu'il s'agissait pour lui de bâtir la « forteresse Irak » dont l'arme nucléaire serait la muraille, dans le cadre d'une politique de « dissuasion »[21]. Comparable donc à celle des grandes puissances nucléaires. Et la grande agence américaine de renseignement ne trouvait rien à y redire !

C'est en France que Saddam Hussein avait acquis en 1976, du temps où Jacques Chirac était Premier ministre, une centrale nucléaire « civile », Tammuz 1, surnommée Osirak, et bientôt Ochirac par les mauvaises langues du *Canard enchaîné*. Officiellement, cette centrale ne pouvait pas produire de plutonium permettant de fabriquer des armes atomiques. C'est à tout le moins ce que la France et le CEA (Commissariat à l'énergie atomique) avaient affirmé, alors même que les matières qui devaient être livrées avec le réacteur auraient permis de réaliser cinq bombes atomiques[22]. Cette centrale fut bombardée et détruite par les Israéliens le 7 juin 1981, mais cela n'interrompit que momentanément la quête d'une capacité nucléaire militaire par l'Irak. La CIA, à l'époque, ne voyait pas cette quête d'un si mauvais œil, et se félicitait même du

---

21. *Iraq National Security Goals, an Intelligence Assessment*, CIA, décembre 1988. Ce document a été partiellement déclassifié en décembre 2002, après une demande présentée par le projet National Security Archive (<http://www.gwu.edu/~nsarchiv/>), dans le cadre du Freedom of Information Act.

22. Georges AMSEL, « Osirak, la bombe et les inspections », *Le Monde*, 16 octobre 2002. Georges Amsel avait été chargé par François Mitterrand de tirer au clair les liens obscurs tissés entre la France et l'Irak en manière nucléaire dans les années 1970. Son rapport au président fut publié par *Les Temps modernes* (septembre 1981). Le CEA (Commissariat à l'énergie atomique) français avait livré à Bagdad 11,3 kilos d'uranium hautement enrichi (93 %) en 1980, qui étaient destinés à la centrale Tammuz 2, laquelle n'est jamais entrée en service.

« comportement modéré [23] » face à l'attaque israélienne, de celui qui est déjà l'homme fort de Bagdad, en pleine guerre contre l'Iran.

Durant la guerre du Golfe, la quasi-totalité de ses installations nucléaires a été visée, mais pas toutes. En fait, Saddam Hussein avait compris après l'attaque israélienne que l'obtention de l'uranium enrichi nécessaire à la fabrication d'une arme serait très difficile et continuellement vouée aux attaques d'Israël. Plusieurs filières ont donc été employées, secrètement et parallèlement, qui pouvaient toutes mener au résultat recherché ; après la tentative de se procurer en France l'uranium enrichi, des filières locales de production ont été mises en place, qui avaient respectivement recours à la séparation isotopique électromagnétique, à des centrifugeuses, à l'enrichissement chimique, à la diffusion gazeuse, à la séparation isotopique par laser... Les travaux secrets de l'Irak étaient passés totalement inaperçus de tous les systèmes d'espionnage et de l'AEIA, et le seraient demeurés si un déserteur n'avait averti les forces américaines après la guerre du Golfe [24].

Depuis 1992, l'Irak n'a jamais cessé ses efforts pour obtenir des centrifugeuses permettant de contribuer à la production des matières fissiles de qualité militaire, et a conservé intacte sa capacité technique et scientifique. On oublie souvent que ce pays dispose d'une mine d'uranium à Akashat, non loin de la frontière jordanienne, ainsi que d'une usine de raffinage, à Al Qa'ïm, le long de la frontière syrienne. La CIA fait ainsi grand cas des efforts irakiens pour acheter des tubes d'aluminium à haute résistance, utilisables dans les centrifugeuses, mais indique que ces matériels peuvent également servir pour des programmes d'armement conventionnel [25]. Ce qui

---

23. *Implications of Israeli Attack on Iraq*, CIA, 1er juillet 1981 (source : National Security Archive).

24. Joseph CIRINCIONE, John B. WOLFSTHAL et Miriam RAJKUMAR, *Deadly Arsenals. Tracking Weapons of Mass Destruction*, Carnegie Endowment for International Peace, Washington, 2002, p. 274.

25. *Iraq's Weapons of Mass Destruction*, Central Intelligence Agency, octobre 2002, p. 1.

n'empêchera pas ces fameux tubes de constituer l'une des bien maigres « preuves » avancées par George W. Bush, notamment lors de son discours devant l'Assemblée générale de l'ONU le 12 septembre 2002, pour tenter de convaincre l'opinion publique internationale des turpitudes nucléaires de Saddam Hussein [26].

L'argument demeure bien faible. Le 10 janvier 2003, dans un rapport transmis au même Conseil de sécurité de l'ONU, le directeur général de l'AIEA, l'Égyptien Mohamed El-Baradei, notait que rien ne confirmait la destination nucléaire de ces tubes qui, bien au contraire, lui paraissaient techniquement cohérents avec l'assertion irakienne selon laquelle ils étaient destinés à fabriquer des lance-roquettes classiques. Question : les Irakiens se sont-ils jamais trouvés tout près, vraiment, de la production de matière fissile de qualité militaire à partir de leur uranium national ? Réponse : non. En 1991, les balbutiements de leur méthode leur avaient permis de produire six grammes de plutonium et s'ils avaient pu développer la production selon ce système, celle-ci n'aurait pu aller au-delà de soixante grammes par an. Délai pour obtenir le plutonium nécessaire à la réalisation d'une bombe : cent cinquante ans, environ [27] !

La grande nouvelle dont les Américains, comme tous les autres, étaient très loin de se douter en 1991, n'était autre que l'ampleur de l'effort irakien, et surtout son état d'avancement vers la réalisation d'une bombe. Disposer de matière fissile est une chose, et Saddam Hussein n'en avait pas. Mais il savait comment réaliser une bombe rustique, au moins dans le principe, car une copie des archives du projet Manhattan avait été offerte à l'Irak par la US Atomic Energy Commission en

---

26. Les « preuves » américaines contre l'Irak ont été présentées le 12 septembre 2002 par la Maison-Blanche dans un document de vingt et une pages : *A Decade of Deception and Defiance. Saddam Hussein's Defiance of the United Nations*.

27. Le scientifique qui réalisa le projet a fui l'Irak en 1994 pour rejoindre les États-Unis. Il a raconté son expérience dans un ouvrage indispensable : Khidhir HAMZA, *Saddam's Bombmaker. The Terrifying Inside Story of the Iraqi Nuclear and Biological Weapons Agenda*, Scribner, New York, 2000.

1956[28] ! Et pour peu qu'il ait pu se procurer à l'étranger la quantité de matière fissile nécessaire pour fabriquer une arme, il aurait su comment s'y prendre. Tous les matériels indispensables avaient été achetés dans le monde entier, notamment aux États-Unis et le programme se poursuivait à une échelle insoupçonnée, pratiquement prêt en 1994, sauf pour l'essentiel, encore et toujours : la matière fissile.

Pour diriger ce gigantesque effort qui a ponctionné durant vingt ans des proportions considérables de la ressource pétrolière du pays, Saddam Hussein ne comptait que sur sa propre famille, et notamment sur son gendre, le général Hussein Kamel Hassan ; celui-ci avait été ministre de l'Industrie et de l'Industrialisation militaire avant la guerre du Golfe, et l'architecte de l'ensemble des programmes d'armement nucléaire, biologique et chimique. Marié à la fille aînée de Saddam Hussein, Raghad, il fut également ministre de la Défense et s'était vu confier la répression féroce de rébellions kurdes, ainsi que l'écrasement sauvage de l'insurrection des chiites du sud de l'Irak, à la fin de la guerre du Golfe.

Or ne voilà-t-il pas que le 8 août 1995 Kamel Hussein quitte l'Irak avec femme et enfants pour se rendre en Jordanie, non sans avoir emporté avec lui des dizaines de milliers de documents démontrant de manière irréfutable la poursuite acharnée de l'armement nucléaire par le régime[29]. Tous les spécialistes des services secrets concernés convergeront aussitôt vers le palais royal d'Amman où le traître s'est réfugié, mais pas pour bien longtemps : après avoir vidé son sac et raconté tout ce qu'il savait, il rentre en février 1996 à Bagdad. Il y sera assassiné dans la foulée avec son frère et leur famille. Fin de l'épisode. Mais celui-ci a fait l'effet d'un électrochoc sur les vérificateurs du programme irakien, et sur… Saddam Hussein ; dans l'un de

---

28. Vernon LOEB, « Iraqi defector says Saddam was near to building A-Bomb », *The Washington Post*, 5 novembre 2000.

29. Pour un récit complet de cette équipée, voir Shyam BHATIA et Daniel MCGRORY, *Brighter than the Bagdad Sun. Saddam Hussein's Nuclear Threat to the United States*, Regnery Publishing, Washington, 2000, p. 265-281.

ces retournements dont il a le secret, il fustige la défection de son gendre, et annonce qu'il est prêt à ouvrir toutes ses installations à l'ONU et à l'AIEA. Ce qu'il fait. Et l'Irak confirme qu'il avait bien lancé en 1990 un programme accéléré, qui aurait dû être terminé en avril 1991, avec la réalisation d'une première bombe, si les souhaits de Saddam avaient été exaucés. C'est-à-dire s'il avait pu se procurer la fameuse matière fissile…

En revanche, si l'Irak parvenait à se procurer de l'uranium enrichi ou du plutonium à l'étranger (et là, tous les regards se tournent vers un appareil militaire russe déliquescent), il ne lui faudrait que quelques mois, selon l'IISS, ou un an, selon les Américains de la CIA. À Washington, cette question du délai, ou de la proximité de la date de réalisation d'une bombe irakienne, n'est pas jugée vraiment pertinente, ainsi que l'a déclaré en septembre 2002 le secrétaire d'État Colin Powell : « On peut discuter pour savoir si cela prendra un an, cinq ans, six ans ou neuf ans ; le point important, c'est qu'ils persistent dans leurs efforts pour acquérir cette technologie [30]. » Est-ce un argument suffisant pour envahir un pays ? L'administration Bush le pense.

Vecteurs balistiques bricolés

Une arme ne vaut que si elle peut être amenée à destination et des inquiétudes persistent sur la préservation éventuelle d'une douzaine de missiles Scud par l'Irak, de quoi frapper les pays voisins, mais sans réelle efficacité militaire. Cette capacité n'inquiète que modérément les experts, même si l'Irak pourrait avoir mis au point des engins nationaux, les Al Samoud (200 km de portée) et les Al Hussein (650 km) [31]. Mais le nombre des Al Hussein éventuellement dissimulés, ce qui

---

30. Interview à la BBC, le 8 septembre 2002.

31. *Unclassified Report to Congress on the Acquisition of Technology Relating to Weapons of Mass Destruction and Advanced Conventional Munitions*, Central Intelligence Agency, 30 janvier 2002.

n'est pas démontré, ne dépasserait pas la douzaine. Ces missiles de fabrication locale développés à partir des Scud, eux-mêmes copies soviétiques des missiles V2 allemands de la Seconde Guerre mondiale, ne sont ni précis [32], ni fiables, et n'ont de plus fait l'objet d'aucun essai sérieux [33].

Cela fait beaucoup d'incertitude, et aucun document de quelque source que ce soit n'est davantage explicite. Mais les experts militaires ayant travaillé sur ces sujets savent que lorsque des Scud modifiés par les Irakiens ont atteint des villes israéliennes, les analystes ayant étudié les débris ont découvert que certaines de leurs structures étaient réalisées en… chevrons de bois ! En fait, les craintes de voir des missiles frapper les pays voisins de l'Irak, dont évidemment Israël déjà touché durant la guerre du Golfe, sont prises d'autant plus au sérieux que l'éventualité d'un emport d'armements chimiques par ces engins n'est pas à exclure. Bien que beaucoup moins probable que le prétendent les dirigeants américains, il ne peut être rejeté.

Les craintes portant sur la menace militaire des missiles irakiens sont donc très imprécises. Personne ne sait réellement ce que valent les bricolages locaux destinés à transformer les moteurs des missiles sol-air SA-2 d'origine soviétique pour les rendre capables de propulser les engins sol-sol Al Samoud, dont l'Irak affirme que leur portée ne dépasse pas 150 kilomètres, la limite autorisée par l'ONU. Mais lorsque les inspecteurs traquent les capacités irakiennes à fabriquer du propergol liquide pour missile — une technologie à laquelle plus aucune armée moderne n'a recours, préférant les combustibles solides —, ce sont bien les indices de l'existence de cette arme au destin hypothétique qu'ils recherchent. Tout comme ils aimeraient bien savoir ce qu'il est advenu du programme G-1 — encore une extrapolation du SA-2 — ou de plusieurs autres

---

32. Le CEP (cercle d'erreur probable) d'un Scud-B est de un kilomètre ; celui du missile Al Hussein atteint trois kilomètres…
33. *Iraq's Weapons of Mass Destruction, a Net Assessment, op. cit.*, p. 68.

projets connus sous le terme générique de Ababil-100, dont fait partie le programme Al Samoud.

Mais répétons-le : au vu des éléments disponibles fin janvier 2003, la menace que feraient peser les missiles irakiens demeure bien faible. Militairement parlant, les effets seraient au pire ceux d'une bombe terroriste, et rien n'indique que ces engins dépassés franchiraient les barrages, même poreux, offerts par les missiles antimissiles Patriot américains, ou Arrow israéliens. Il est clair que si les Irakiens possèdent une capacité résiduelle de munitions chimiques, ce que l'ONU a cherché sans succès à démontrer durant des mois, celles-ci appartiennent à l'artillerie classique, avec la portée habituelle de quelques dizaines de kilomètres.

Qui dit vrai, qui dit faux ? Les inspections engagées dans le cadre de la résolution 1441… ne permettent pas de le savoir. En remettant à la COCOVINU un rapport de douze mille pages, le 7 décembre 2002, Saddam Hussein entendait démontrer que tous les efforts de fabrication d'armes atomiques ont été abandonnés après 1998. Or c'est l'un des points qui n'ont pas complètement convaincu le chef des inspecteurs de l'ONU, qui demande du temps pour continuer son travail. Et pas du tout le gouvernement américain… qui entend décidément que l'Irak apporte lui-même, sur un plateau d'argent, les preuves de son éventuelle innocence ! Bizarre, très bizarre position… Car si les plus puissants services de renseignement du monde, ceux des États-Unis, sont incapables de retrouver Ben Laden, ils ne sont pas davantage en état de présenter, concernant l'Irak, la moindre preuve de ce qu'ils avancent.

Les Irakiens, pour leur part, accèdent à tous les désirs des inspecteurs. Chaque demande est satisfaite, et les incidents se comptent à peine sur les doigts des deux mains. C'est peu… Pour autant, le discours officiel à Bagdad est constant : les inspecteurs sont des espions à la solde des États-Unis. Un argument qui aurait moins de poids si une réelle opération d'espionnage n'avait été montée du temps de la précédente mission, dans les années 1990.

Entrisme américain dans l'UNSCOM

L'une des plus sérieuses ambiguïtés qui se sont manifestées lors des missions de l'UNSCOM concernait de fait le renseignement. De deux choses l'une : ou bien cette organisation appartenait à l'ONU et devait donc se comporter avec un respect minimal du mandat qui lui avait été confié, ou bien alors elle se comportait comme un sous-marin de la CIA et de l'agence de renseignement technique américaine, la NSA (National Security Agency). Or force est de constater que c'est la seconde option qui a prévalu, l'UNSCOM se révélant au fil des mois mise à contribution par la communauté américaine du renseignement pour mettre un pied (sinon les deux !) en Irak et profiter sans aucune vergogne de la couverture offerte par les inspecteurs.

Ces derniers ne pouvaient pas travailler sans les renseignements fournis par les États-Unis : sites à inspecter, doutes sur telle ou telle implantation militaire, soupçon sur des bâtiments pouvant abriter des stocks de munitions interdites, tout venait d'outre-Atlantique. Bien sûr, chaque pays participant à l'UNSCOM se faisait fort de fournir à l'ONU les éléments sur l'Irak en sa possession. Mais, concrètement, la quasi-totalité de ces « tuyaux » provenait des États-Unis. Pour cette raison, le chef du service de renseignement de l'UNSCOM était habilité par la CIA à traiter les informations qu'elle lui fournissait. Il se trouve que le poste fut occupé par un Canadien puis par un Britannique. Ce que Rolf Ekeus, chef de l'UNSCOM de 1991 à 1997, admet sans la moindre difficulté, arguant que cette fonction ne saurait être assurée que par un ressortissant du Royaume-Uni, du Canada, de la Nouvelle-Zélande ou d'Australie [34] ; autant de pays qui ont mis leurs services de renseignement à la disposition des États-Unis, au point d'en devenir par bien des aspects des filiales.

---

34. Rolf Ekeus, « Intelligence support for weapons inspectors in Iraq », *in Iraq, a New Approach*, Carnegie Endowment for Peace Institute, août 2002, p. 17.

La nature des inspections, le fait que le régime irakien cherchait sans aucun doute à dissimuler des armes terribles imposaient que des moyens techniques de renseignement relativement lourds, permettant notamment de procéder à des interceptions, soient installés clandestinement au cœur du territoire irakien. L'UNSCOM était demandeuse, et les États-Unis lui fournirent ces moyens. En s'empressant de les utiliser à leur propre service, disqualifiant définitivement la mission aux yeux des Irakiens. En 2002, la CIA s'est montrée nettement plus prudente. À tel point que les durs de durs de l'administration Bush, et ceux qui gravitaient dans leur entourage, ont considéré qu'elle tardait vraiment à leur donner des indices fiables des « preuves » des turpitudes de Saddam Hussein.

2

Faucons, *neocons* et hautes pressions

Lorsque on scrute les rangs des bellicistes qui, à Washington, ont pensé dès le 11 septembre 2001 au soir qu'il faudrait aller conduire derechef la guerre chez Saddam Hussein, on demeure saisi par le fait qu'il s'agit souvent de vieilles connaissances. Ces hommes (rarement les femmes poussent à la guerre, à part bien sûr Margaret Thatcher), tous blanchis sous le harnais de la Guerre froide, étaient pour la plupart déjà proches des dossiers sensibles du temps de Gerald Ford, avant de servir Bush 41 [1] à partir de 1988, et de revenir aux affaires avec Bush fils. Globalement, ces doctrinaires sont appelés « néoconservateurs », ou *neocons*, parfois même *likoudniks* en raison de leur proximité idéologique avec les conservateurs israéliens, et ils tiennent le haut du pavé à Washington.

Qu'il s'agisse du vice-président Dick Cheney, du secrétaire à la Défense Donald Rumsfeld, des idéologues comme Richard Perle ou Paul Wolfowitz, ils veulent appliquer à l'Irak en particulier, et à la crise du Moyen-Orient en général, les recettes qui ont, à leurs yeux, prouvé leur efficacité durant la Guerre froide.

---

1. Quarante-troisième président des États-Unis, George Walker Bush est parfois appelé Bush 43 dans la presse, qui le distingue ainsi de son père George Herbert Walker Bush, surnommé quant à lui Bush 41.

Toutes ces questions passaient très largement au-dessus de la tête de leur nouveau patron à tous, George W. Bush, lorsqu'il était en campagne électorale et dans sa précédente carrière de gouverneur du Texas. Durant toutes ces années, celui qui allait devenir le quarante-troisième président des États-Unis s'était montré, au mieux, indifférent aux questions de politique étrangère. Dans l'Amérique impériale, celles-ci ne comptaient certes pas parmi les préoccupations du corps électoral. Mais après le 11 septembre 2001, brutalement, la question de la place des États-Unis dans le monde est redevenue centrale, y compris pour le peuple américain et celui qui présidait depuis moins d'un an à ses destinées, l'hôte de la Maison-Blanche.

Durant toute la période qui a précédé son arrivée au sommet de l'exécutif, Bush a été accompagné par des collaborateurs nombreux, pour la plupart très à droite sur l'échiquier politique. Ceux-ci sont souvent demeurés à ses côtés pour rejoindre l'administration en janvier 2001, dont ceux qui déterminent la politique étrangère et de sécurité mise en œuvre pour en terminer avec le régime de Saddam Hussein en Irak.

Dick Cheney, le pétrolier

S'il joue une partition subtile, plus discrètement que ne l'y pousseraient ses penchants naturels, le vice-président Richard « Dick » Cheney n'en est pas moins l'un des partisans les plus acharnés de la guerre contre l'Irak. Il a acquis au cours de sa longue carrière une expérience politique indiscutable. À la Maison-Blanche de Richard Nixon, au début des années 1970, il était l'adjoint du conseiller Donald Rumsfeld avant de le remplacer. Chef de cabinet du président Gerald Ford [2] alors qu'il n'avait que trente-quatre ans, poste auquel il succédait encore à Donald Rumsfeld, il a été ensuite parlementaire durant vingt ans, représentant le Wyoming à la Chambre des

---

2. Vice-président de Richard Nixon, Gerald Ford lui avait succédé après son renvoi, le 9 août 1974.

représentants avant de devenir le secrétaire à la Défense de Bush père, de mars 1989 à janvier 1993.

Après son départ du Pentagone, il occupa des sièges dans de nombreux conseils d'administration — dont Procter & Gamble, Union Pacific, US West et Morgan Stanley. Cheney avait envisagé très sérieusement de concourir pour la présidentielle de 1996 [3], et il avait commencé à faire campagne durant deux ans avant d'y renoncer. La raison qu'il a avancée pour ce retrait était qu'il n'était pas prêt à faire peser le poids de sa candidature sur sa famille. Il s'agissait en fait de ne pas prêter le flanc à des attaques des milieux les plus conservateurs et intégristes religieux sur l'homosexualité militante de sa fille Mary, qui n'avait pas encore été rendue publique à cette époque. Quant à son autre fille, la juriste Elizabeth, elle a été nommée en mars 2002 à un poste de responsabilité au département d'État, officiellement pour y prendre la charge du suivi des dossiers économiques concernant le Moyen-Orient, et en réalité pour y représenter les « faucons » dans une institution plutôt marquée par l'idéologie des colombes, dans la ligne traditionnelle représentée par le secrétaire d'État Colin Powell.

Après son retrait de la course à la présidentielle, Cheney s'était vu offrir, et accepta, la présidence de la firme pétrolière Halliburton [4]. Les démocrates n'ont pas manqué d'axer une partie de leurs critiques contre le tandem Bush-Cheney sur le thème de leurs liens avec l'industrie pétrolière, et notamment avec les firmes opérant au Moyen-Orient.

Pendant un peu plus d'un an, de septembre 1998 à décembre 1999, Halliburton a en partie possédé deux firmes de fournitures de matériel pétrolier, Dresser-Rand et Ingersoll-Dresser Pump, à hauteur de 51 % et de 49 %, respectivement. Durant cette courte période, les deux firmes ont demandé au comité des sanctions de l'ONU le droit de vendre à l'Irak pour

---

3. Elle fut remportée par le démocrate Bill Clinton, contre le républicain Robert Dole.

4. Il a fait valoir ses droits à une retraite anticipée en août 2000, et le conseil d'administration lui a accordé 33,7 millions de dollars de stock-options, dont 7,6 millions étaient immédiatement négociables.

23,8 millions de dollars de matériel [5]. Rien que de très légal, sans doute, dans cette affaire. Mais Dick Cheney n'a pas toujours été très regardant dans ses relations avec Saddam Hussein !

Son intérêt pour tous les pays possédant des ressources pétrolières est d'ailleurs si marqué que, jusqu'à son arrivée à la Maison-Blanche, il a toujours été un avocat ardent de la reprise des relations diplomatiques et commerciales normales avec l'Iran, toujours bloquées par l'*Iran and Libya Sanctions Act* de 1996 [6] ; et en 2000, il a dû publier un communiqué affirmant : « Je ferai tout ce que je dois faire pour éviter quelque conflit d'intérêts que ce soit [7]. » Mais dès son arrivée à la Maison-Blanche, Cheney n'a rien trouvé de plus urgent que de se réunir avec les principaux dirigeants de l'économie pétrolière américaine, sans jamais accepter de préciser à des enquêteurs parlementaires la nature de ces conversations, ni même les noms et qualités de ses interlocuteurs. Bizarre, tout de même...

Politiquement, Cheney est un conservateur partisan de la ligne la plus dure. Il s'est singularisé à plusieurs reprises en soutenant des positions que certains des républicains les plus ardents avaient choisi de ne pas défendre. C'est ainsi que, fervent avocat du maintien de la législation laxiste sur les armes légères, il a été l'un des quatre parlementaires à avoir voté, en 1988, contre les restrictions à la vente des armes fabriquées en partie en matière synthétique (*plastic gun*), leur permettant d'être moins aisément reconnues par les détecteurs de métaux. Même la très dure NRA (National Rifle Association), présidée par l'acteur Charlton Heston, était en faveur de cette législation. Cheney a de même voté contre la limitation de la vente des munitions *cop killer* (tueuse de flic), ou encore contre le projet *Head Start*, qui, en 1986, a permis le démarrage de programmes de financement éducatifs, d'alimentation et de protection

5. Carola Hoyos, « US oil groups find a discreet way of doing business with Iraq », *Financial Times*, 3 novembre 2000.
6. Voté à la demande du sénateur républicain de New York Alphonse d'Amato.
7. *The Los Angeles Times*, 17 août 2000.

sanitaire pour les jeunes enfants, avant leur scolarisation élémentaire.

Bien qu'il ait réussi à échapper à la conscription et au départ pour le Viêt-nam, ce qui pouvait constituer un handicap, il parvint sans trop de difficultés à asseoir son autorité sur les généraux dès sa nomination par le président Bush père au secrétariat à la Défense en 1989. Il a même fait de la ligne consistant à afficher en permanence la prééminence du politique sur le militaire l'une des bases de son action : sa première conférence de presse au Pentagone fut marquée par une spectaculaire critique publique du général Larry Welch, chef d'état-major de l'US Air Force ; sans en avoir été prévenu auparavant, ce dernier se vit vertement reprocher devant les journalistes d'avoir pris des contacts « inappropriés » avec des parlementaires pour discuter de l'avenir des forces stratégiques. Contraint et forcé, il quitta son poste.

En 1991, durant la guerre du Golfe qui a vu monter en notoriété et en pouvoir deux très fortes personnalités militaires, le général Norman Schwarzkopf, commandant en chef sur le terrain, et le très habile Colin Powell, alors président des chefs d'état-major (*chairman of the joint chiefs of staff*), Dick Cheney eut quelques prises de bec avec ce dernier, accusé de se comporter davantage en politique qu'en militaire. Quant au successeur de Larry Welch à l'US Air Force, le général Michael Dugan, il fut démis séance tenante de ses fonctions après avoir annoncé dans une interview que des bombardements massifs auraient lieu contre Bagdad.

Contrairement à une idée reçue, qui fait florès chez les anti-américains épidermiques, Dick Cheney n'est pas nécessairement un partisan à tous crins de l'industrie militaire, et il possède sur la question de l'équipement des armées des avis tranchés. Au début des années 1990, il fut ainsi un adversaire farouche de l'avion d'attaque A-12 Avenger destiné à l'US Navy. Et il n'aura de cesse, à ce jour sans succès, de combattre un autre programme pourtant considéré comme crucial par les militaires : l'appareil hybride (mi-avion, mi-hélicoptère) V-22 Osprey.

Lors de la guerre du Golfe, les lignes de fracture au sein de l'administration américaine furent à peu de chose près ce qu'elles ont également été lors de la phase politique de montée en puissance d'une nouvelle intervention, dès le printemps 2002. D'un côté, les militaires, qui savent ce que faire la guerre veut dire, n'étaient pas chauds du tout, pas davantage que le secrétaire d'État de l'époque, James A. Baker. Mais l'hôte de la Maison-Blanche, George H. W. Bush, voulait en découdre ; et Dick Cheney, déjà lui, n'était pas en arrière, partisan tout aussi farouche d'une intervention. Son rôle consista dès lors à convaincre le Pentagone de la nécessité de partir faire le coup de feu dans les sables du Koweït. Commentaire de Bush père : « Cheney a montré la voie aux militaires. Il ne les a pas poussés, mais entraînés, afin qu'ils comprennent les missions que le président avait préparées pour eux [8]. » Telle est à peu de chose près ce que demande le fils Bush à son propre secrétaire à la Défense, Donald Rumsfeld.

Donald Rumsfeld, la poigne de fer

Élu quarante-troisième président des États-Unis, George W. Bush avait d'abord pensé à un sénateur de l'Indiana pour occuper le poste exposé de secrétaire à la Défense, puis à Paul Wolfowitz, dont il avait apprécié le fonctionnement ardent dans l'équipe des experts en politique étrangère — autoproclamés *Vulcans*, les Vulcains — qui l'avaient entouré durant sa campagne électorale. Mais ni l'un ni l'autre ne faisait vraiment l'affaire pour un poste aussi exigeant, dont le titulaire devait se montrer à même de subir les assauts corporatistes des militaires, tout en mettant en musique les options stratégiques présidentielles.

Finalement, le nouveau président retint Donald Rumsfeld, membre éminent de la bande des conservateurs les plus à

8. George H. BUSH et Brent SCOWCROFT, *A World Transformed*, Alfred A. Knopf, New York, 1998.

droite, pédalant sur le même tandem que l'hyper-répressif John Ascroft, lequel deviendra pour sa part *Attorney general* (ministre de la Justice). Plutôt vu jusqu'alors pour remplacer le patron de la CIA George Tenet, Rumsfeld est l'un de ces professionnels de la politique qui choisissent le moment venu d'aller bâtir de colossales fortunes dans l'industrie privée, avant de revenir à leurs premières amours. C'est en 1975, après l'humiliante démission de Richard Nixon, qu'il devint le secrétaire à la Défense de Gerald Ford, poste qu'il occupera jusqu'en 1977. Encore très jeune, il entrait de plain-pied dans la vie publique à l'issue de deux événements historiques : la guerre du Viêt-nam et le scandale du Watergate. Il était alors le symbole d'une nouvelle génération politique qui n'avait pas connu la Seconde Guerre mondiale, mais qui allait se frotter en revanche à des formes nouvelles d'exercice des responsabilités publiques, avec un Congrès plus puissant que jamais, des juges redécouvrant leurs considérables pouvoirs, des journaux plus accrocheurs s'engouffrant tous dans la brèche ouverte par le *Washington Post.*

Élu représentant de l'Illinois dès 1962, à l'âge de trente ans, Donald Rumsfeld se révèle un véritable professionnel de la politique, qui a toujours su organiser savamment ses allers et retours entre les fonctions officielles et de lucratives affaires privées qui lui ont permis d'amasser une belle fortune. La défense est demeurée son monde de prédilection, à tel point qu'il a présidé en 1998 un groupe d'études qui conclut à l'impérieuse nécessité pour les États-Unis de construire un « bouclier antimissiles ». Pur délire stratégique que ce rempart, pas plus efficace que la ligne Maginot — mais vache à lait assurée de l'industrie de défense pour au moins une génération.

Tout comme son disciple Cheney, Rumsfeld est mal vu par les militaires. Ces derniers ont pour cela des tas de bonnes raisons, et quelques mauvaises aussi. Par exemple, l'armée de terre le déteste pour avoir tué l'un de ses programmes majeurs des premières décennies du XXIᵉ siècle, l'obusier Crusader, qui a fait l'objet d'une bataille politique épique à Washington au début de 2002. Onze milliards de dollars à la trappe, tout de même, qui serviront sans doute à financer le programme de défense antimissiles balistiques. Cet objet choyé de Donald Rumsfeld pourrait également se construire au détriment de plusieurs programmes d'importance, tous menacés par le secrétaire à la Défense : le véhicule de combat d'infanterie Stryker, l'hélicoptère de reconnaissance RAH-66 Comanche, et même le plus important projet de l'US Army pour les décennies à venir, le FCS (*Future Combat System*).

Les généraux, qui sont censés travailler main dans la main avec lui, ont beaucoup de mal à supporter son arrogance et ses manières cassantes, au point de comparer leur ministre — ce n'est pas un compliment — à Robert McNamara, son prédécesseur durant la guerre du Viêt-nam, lui aussi entouré d'une cohorte de conseillers dévots, les *whiz kids* [9]. Politicien roué, Rumsfeld ne dédaigne pas infliger des humiliations publiques à ses subordonnés. Ainsi, en avril 2002, le chef d'état-major de l'armée de terre, le général Eric Shinseki, coupable d'avoir fait de l'ombre à Rumsfeld, fut publiquement humilié de découvrir, quinze mois à l'avance dans le *Washington Post*, le nom de son successeur, John Keane.

Rumsfeld le dur à cuire n'est jamais en retard d'un bon mot, d'une bonne blague, d'une formule choc qui ravira les journalistes. Qu'il soit détesté au Pentagone ne lui pose pas le moindre problème politique, puisqu'il est une star des médias, caracolant en tête des sondages de popularité. Fin 2001, durant la guerre d'Afghanistan, posant en moderniste, il s'est mis les journaux dans la poche lors de ses conférences de presse grandguignolesques et rigolardes au Pentagone, ce qui a encore accru le déplaisir des militaires. Ces derniers ont en effet trouvé chez leur secrétaire à la Défense un politicien connaissant la boutique, et bien décidé à faire valoir la prééminence du politique sur les généraux.

Donald Rumsfeld joue avec Dick Cheney sur l'échelle de perroquet : des partenaires de si longue date du « tu m'tires, j'te

---

9. Venus pour l'essentiel de la Rand Corporation, ils s'appelaient notamment Charles Hitch, Alan Endhoven et Henry Rowen.

pousse » se doivent de partager une forte connivence. Et de ce point de vue, Cheney/Rumsfeld, c'est bonnet blanc et blanc bonnet. Dans la guerre politico-idéologico-diplomatique qui oppose, à Washington et dans le reste du monde, les faucons désireux d'en découdre avec l'Irak aux colombes appelant à une vision plus nuancée des choses, ces deux hommes jouent les chefs de clique, donnant le ton à la fanfare des *neocons*, et battant la mesure. Rumsfeld manie la trique et les bons mots. Évoquant la relation des États-Unis avec Saddam Hussein, il aurait eu cette formule, piquée au gangster Al Capone : « Vous obtenez davantage avec un mot gentil et un flingue qu'avec un mot gentil tout seul [10]. »

Pourtant, Cheney et Rumsfeld, jouissant de toute la confiance de George Bush, ne seraient rien sans l'équipe qui les entoure, et qui partage leurs opinions. Plus va-t-en-guerre que n'importe qui, ils appartiennent eux aussi à la famille des néoconservateurs et ont constitué au sommet de l'appareil d'État américain un commando d'autant plus redoutable qu'il a forgé la pensée stratégique du président. Ou ce qui en tient lieu...

Richard Perle, l'idéologue

Il est très clair que, de ce point de vue, le très turbulent et incontrôlable Richard Perle joue un rôle essentiel dans l'équipe de conseillers de George W. Bush. Lors de la constitution de la nouvelle administration, Perle a été naturellement nommé auprès de Rumsfeld au Pentagone, mais dans une position d'idéologue lui convenant parfaitement, en tant que président du Defense Policy Board. Cette structure, chargée de réfléchir à l'avenir des questions stratégiques et d'aider le secrétaire à la Défense à définir les options à long terme de la défense

10. Evan THOMAS, « Rumsfeld war », *Newsweek*, 16 septembre 2002.

américaine, ne comporte que de très éminentes personnalités [11], républicaines (sept ont servi sous Nixon, six sous Reagan et quatre sous Bush père) et démocrates. Toutes sont acquises aux idées les plus conservatrices, et convaincues de la nécessité de mener une guerre contre l'Irak.

Très impliqué dans le débat stratégique depuis plus de trente ans — son initiation remonte aux discussions sur l'installation des missiles antimissiles Safeguard en 1969 —, Perle a d'abord été le collaborateur du sénateur démocrate Henry « Scoop » Jackson, qui était à la fois très à gauche en politique intérieure (tout en affichant des positions anticommunistes et antisoviétiques affirmées) et faucon à propos de la guerre du Viêt-nam. Affecté au Armed Services Committee, Perle devint très rapidement un membre influent des *staffers* du Sénat, qu'il ne quitta qu'en 1980. Dès l'arrivée au pouvoir de Ronald Reagan, en 1981, et jusqu'en 1987, il sera l'un des collaborateurs du

---

11. Kenneth Adelman (ancien adjoint de Donald Rumsfeld) ; Richard Allen (ancien conseiller pour la sécurité nationale de Ronald Reagan) ; Martin Anderson (universitaire, conseiller de tous les présidents républicains depuis Richard Nixon) ; Gary S. Becker (prix Nobel d'économie en 1992) ; Harold Brown (ingénieur atomiste, secrétaire à la Défense de Jimmy Carter de 1977 à 1981) ; Eliot Cohen (universitaire, théoricien de la relation civilo-militaire et l'un des idéologues des néoconservateurs) ; Michele A. Flournoy (universitaire, spécialiste du contrôle des armements, chercheuse au CSIS, Center for Strategic and International Studies) ; Thomas Foley (ancien président démocrate de la Chambre des représentants, battu aux élections législatives de novembre 1994) ; Newt Gingrich (ancien président républicain de la Chambre des représentants, successeur de Thomas Foley) ; David Jeremiah (amiral, membre de nombreux conseils d'administration dont celui de la firme Mitre, président de Technology Strategies and Alliances Corporation et de Wackenhut Services Inc, membre du conseil d'administration du JINSA — Jewish Institute of National Security Affairs —, influent groupe de pression pro-israélien) ; Henry Kissinger (secrétaire d'État sous Richard Nixon) ; Richard Perle (président, conseiller — avec Charles Krauthammer, William Kristol, et Gary Bauer — de l'organisation pro-israélienne Foundation for Defense of Democracy, membre du bureau du JINSA, ancien directeur du *Jerusalem Post)* ; Dan Quayle (vice-président de George W. H. Bush) ; Henry Rowen (ancien secrétaire à la Défense adjoint de Dick Cheney de 1989 à 1991) ; James Schlesinger (ancien secrétaire à la Défense sous Richard Nixon et Gerald Ford, président de la firme Mitre) ; George P. Shultz (ancien secrétaire d'État sous Ronald Reagan) ; Kiron Skinner (universitaire, ancien collaborateur de George W. H. Bush et de Condoleezza Rice) ; Pete Wilson (ancien gouverneur de Californie) ; James Woolsey (ancien directeur de la CIA ; membre du bureau du JINSA).

secrétaire à la Défense, au poste d'Assistant Secretary of Defense for International Security Policy. Il fut à ce titre l'un des principaux acteurs des négociations russo-américaines sur le contrôle des armements, dont il demeure un excellent spécialiste.

Plusieurs observateurs rappellent cependant que si les discussions avec les Soviétiques furent si tendues durant les deux mandats de Ronald Reagan, cela est redevable pour une large part à Richard Perle. D'aucuns estiment également qu'il exerça un ascendant intellectuel réel sur le secrétaire à la Défense Caspar W. Weinberger, et qu'il joua à ce titre un rôle important dans la bataille qui opposa à cette époque le département de la Défense et les militaires du Pentagone au département d'État. Un auteur analysant la politique de défense américaine dans l'ère reaganienne a ainsi pu écrire : « Richard Perle finit par avoir davantage d'influence sur la politique de contrôle des armements que n'importe quel autre officiel du gouvernement américain, un résultat d'autant plus remarquable qu'il n'occupait pas une position de premier plan [12]. »

Dans l'équipe *Vulcan*, Richard Perle joua un rôle très particulier : garant de l'intégrité politique républicaine, il fut également celui qui ferrailla avec le plus d'ardeur contre les adversaires démocrates, au risque de déstabiliser son propre candidat par des prises de position tonitruantes et excessivement polémiques. C'est ainsi qu'en juin 2000, à la suite des décisions britanniques en faveur de l'Europe de la défense (achat de missiles Meteor, confirmation de la participation sur l'avion de transport A400-M), Richard Perle est monté en ligne sur un ton très agressif, allant jusqu'à qualifier le Premier ministre britannique, Tony Blair, de *prince of darkness* (« prince des ténèbres ») — jusqu'alors, l'épithète visait plutôt l'auteur de l'attaque, au point de lui coller comme un surnom !

---

12. Strobe TALBOTT, *Deadly Gambits*, Alfred A. Knopf, New York, 1984.

Perle, antieuropéen convaincu, a également considéré à cette occasion que le but principal de l'accord sur la défense conclu en novembre 1998, à Saint-Malo, entre les gouvernements français et britannique avait pour but essentiel de « marginaliser » les États-Unis : « J'aurais pensé que le Premier ministre britannique attacherait une importance fondamentale à la *special relationship* qui a si bien servi nos deux pays depuis si longtemps, et qu'il ne l'aurait pas mise en péril en se laissant prendre par les manœuvres françaises visant à "bordurer" les Américains en Europe [13]. »

Paul D. Wolfowitz, le politique

Recteur de la Paul H. Nitze School of Advanced International Studies de la John Hopkins University durant les années Clinton, ancien ambassadeur en Indonésie (1986-1989), ancien sous-secrétaire à la Défense sous Dick Cheney (1989-1993), Paul D. Wolfowitz est un spécialiste des relations internationales. Il a commencé sa carrière au début des années 1970 sous les auspices d'Albert Wohlstetter, mathématicien et stratège de la confrontation nucléaire, dont il avait été l'étudiant à l'université de Chicago. Mais c'est aussi un spécialiste de la relation entre les décideurs politiques et les services de renseignement [14].

Disciple du philosophe et théoricien politique Alan Bloom, auteur de centaines d'articles et de très nombreux rapports, il a même travaillé, en 2000, avec un groupe d'étude codirigé par le sénateur Sam Nunn sur un rapport commandé par Hughes Electronics, concernant les pratiques commerciales à l'exportation de cette firme d'armements, et la meilleure manière de les

---

13. Reuters, 30 juin 2000.
14. Jack DAVIS, « Paul Wolfowitz on intelligence policy-relations », *Studies in Intelligence*, n° 5, 1996.

mettre en conformité avec « la lettre et l'esprit » des lois américaines en la matière [15].

Cette connaissance intime des pratiques commerciales en vigueur dans les milieux de l'armement — à savoir l'usage forcené de la corruption, y compris après l'adoption de la convention anticorruption de l'OCDE du 15 février 1999 — l'a particulièrement bien disposé à occuper les fonctions qui sont les siennes depuis la prise de fonction de George Bush Jr : secrétaire adjoint à la Défense. À ce poste, il seconde son ami Donald Rumsfeld, gère les relations internationales du Pentagone et se trouve installé dans la position fort exposée de numéro deux de l'institution militaire américaine.

En 2002, Wolfowitz, qui ne fait pas sa soixantaine en vue, et bien qu'il affiche l'agressivité constante qui sied aux rapaces, ne pouvait être simplement rangé dans la catégorie des « faucons », à ses yeux encore trop conciliante, trop « molle », trop sensible aux contraintes diplomatiques. D'aucuns lui préfèrent donc le surnom de « vélociraptor », ce dinosaure carnassier « intelligent, rapide, et qui saute à la gorge [16] » ; d'autres le gratifient de qualificatifs moins élégants, comme « testostérone de Bush [17] ». Mais tous s'accordent à reconnaître à cette grande gueule — que Bush a dû faire taire dans certaines réunions où il se révélait insupportable [18] — une capacité peu commune à mettre les pieds dans le plat.

Dès le 13 septembre 2001, alors que les ruines du Pentagone fumaient encore, il pensait à la suite, à cette riposte américaine inéluctable sans doute, mais dont bien peu voyaient, concrètement, qui elle allait frapper. Wolfowitz, lui, avait son idée, et désignait un coupable inattendu, Saddam Hussein, en déclarant qu'il fallait « en finir avec les États qui parrainent le

---

15. Paul WOLFOWITZ et Sam NUNN, *Industry Best Practices Regarding Export Compliance Programs*, Hughes Electronics, 25 juillet 2000.

16. « Paul Wolfowitz, velociraptor », *The Economist*, 9 février 2002.

17. David PLOTZ, « Paul Wolfowitz, Bush's testosterone man at Defense », *Slate*, 12 octobre 2001.

18. Bob WOODWARD et Dan BALZ, « At Camp David, advise and dissent », *The Washington Post*, 31 janvier 2002.

terrorisme ». Scandale, protestations indignées du secrétaire d'État Colin Powell répondant que le provocateur « parle pour lui seul ». Mais l'idée a rapidement fait son chemin avant d'être reprise par George W. Bush, en avril suivant. Déjà, le président avait prononcé en janvier 2002 un discours sur l'état de l'Union qui avait paru intégrer la plupart des idées chères à Paul Wolfowitz, dont le fameux « Axe du mal ». Vingt ans plus tôt, c'est également dans le chaudron des *neocons* qu'avait été mitonnée la formule « Empire du mal [19] », collée par Ronald Reagan à l'URSS finissante.

Il faut dire que Wolfowitz et Saddam, c'est une vieille histoire : en 1977 déjà, quand la plupart des soldats préparés à combattre sur le sol irakien en 2003 n'étaient que des enfants à naître, le jeune stratège vite reconverti dans les sciences politiques après une formation universitaire en mathématiques et en chimie, alors en charge des études régionales au Pentagone, discernait les menaces que le tyran faisait peser sur la région, et il l'écrivait ! Il avait fallu pour cela vaincre les réticences des analystes de la CIA, qui considéraient une attaque contre le Koweït comme « hautement improbable [20] »... Wolfowitz aime, on le comprend, à raconter cette histoire, bien que sa prescience ne soit pas allée jusqu'à prévoir deux énormes événements qui allaient se produire dans cette région une décennie avant l'invasion du Koweït par son grand voisin : la chute du chah d'Iran et la guerre Iran-Irak. Mais, à sa décharge, les dizaines de milliers d'analystes de la communauté américaine du renseignement ne les avaient pas vus non plus...

Pour un siècle américain

Pour comprendre l'état d'esprit prévalant depuis le 11 septembre 2001 dans les groupes de pression désirant en

---

19. *Evil Empire*. L'expression a été employée pour la première fois par Ronald Reagan le 8 juin 1982, dans un discours à la Chambre des communes, à Londres.
20. Jack DAVIS, « Paul Wolfowitz on intelligence... », *loc. cit.*

découdre avec Saddam Hussein, il suffit de reprendre les textes de l'une des nombreuses vitrines néoconservatrices, le Project for a New American Century (PNAC). Ce groupe entretient des liens étroits avec la droite israélienne la plus dure, et avec l'aile la plus conservatrice de la droite religieuse américaine.

Au PNAC, on pense que George Bush père et son successeur Bill Clinton ont manqué de vigueur, ont laissé passer, dès la chute du Mur de Berlin en 1989 et l'explosion de l'URSS deux ans plus tard, l'occasion historique de construire un véritable empire hégémonique américain, idéologique, économique et culturel [21]. Or, c'est justement cet objectif primordial, essentiel — unique ? — qui intéresse l'entourage du président américain, ce cercle de fer où évoluent nos faucons en compagnie de quelques autres volatiles. Ils ne voient un avenir possible pour tout le Moyen-Orient qu'à une condition préalable : la disparition physique, si possible ritualisée de Saddam Hussein, adversaire identifiable, visible, médiatique, incarnant la figure du salaud avec autant de naturel que le méchant du western, ou Cruella dans *Les 101 Dalmatiens.*

La guerre terroriste — dont les Américains et George W. Bush n'ont choisi ni le moment ni les formes — constitue une formidable opportunité pour réparer cette « erreur », mais elle présente une tare atavique : les origines de cette guerre, ses soldats, ses dirigeants, ses financements sont, de fait, apatrides. Ils ont introduit une nouvelle forme de conflit, la guerre « du fou au fort », dans laquelle l'initiateur ne possède ni territoire, ni moyens militaires, ni même de projet politique un tant soit peu réaliste. Il ne faut donc pas compter sur ce combat-là — certes légitime en ce sens qu'il voit l'Amérique guerroyer contre les assassins de trois mille victimes innocentes — pour recomposer le cadre géopolitique, donc la carte du Moyen-Orient.

Avant même les attentats du 11 septembre 2001, et *a fortiori* avant que les *neocons* médiatisent leur fixation emphatique et

---

21. Tom BARRY, « PNAC's present dangers as blueprint for Bush doctrine », *Foreign Policy In Focus*, 31 octobre 2002.

paranoïaque sur le tyran irakien, ce dernier se trouvait déjà dans leur ligne de mire. Cela est explicite dans un livre collectif dirigé par les animateurs du Project for a New American Century, Robert Kagan et William Kristol[22], *Present Dangers*, mis en vente durant la campagne présidentielle de George W. Bush, en 2000 ; l'ouvrage était destiné à constituer l'ossature d'un programme de politique étrangère du candidat en cas de victoire, et plusieurs auteurs s'étaient consacrés à la défense et à l'illustration de leur thèse favorite. Parmi eux, Eliott Abrams, ancien président de l'Ethics and Public Policy Center, fervent prosélyte de la liberté religieuse (comprendre en particulier : le droit pour les sectes américaines, mormons et scientologie, à bénéficier du soutien officiel pour se répandre dans le monde) et à ce titre ancien président de la US Commission on International Religious Freedom, vigoureux défenseur des *contras* du Nicaragua contre le gouvernement sandiniste.

Il est depuis devenu membre du très influent National Security Council de Condoleezza Rice ; il y traitait, au début de l'administration Bush, les affaires relatives à la démocratie, aux droits de l'homme et aux opérations internationales. Poste important s'il en est. Mais début décembre 2002, Eliott Abrams a été opportunément changé de poste au sein de ce même Conseil de sécurité, pour prendre la tête du département Proche-Orient. Il s'y trouvait mieux à même de faire valoir ses idées, voire de les murmurer directement à l'oreille du président.

Qu'écrivait-il en 2000, avant l'élection de George W. Bush, à propos de Saddam Hussein ? Que son départ fait partie d'un plan global pour le Moyen-Orient : « Ce sont les victoires des États-Unis dans la Guerre froide puis dans la guerre du Golfe, surtout, qui sont à l'origine de la situation politique actuelle au Moyen-Orient. Grâce à ces succès de la politique américaine, il est désormais possible d'envisager un Moyen-Orient avec une

---

22. Respectivement directeur et président du Project for a New American Century. Le premier est éditorialiste au *Washington Post*, le second est rédacteur en chef du *Weekly Standard*, la bible hebdomadaire des néoconservateurs.

Syrie affaiblie se détournant de l'Iran pour parvenir à un accord stabilisant l'ensemble de la frontière nord d'Israël ; avec un régime de Saddam Hussein qui a été remplacé ; et où la principale force stratégique dans la région est une alliance turco-israélienne. Mais un tel résultat demeurera impossible tant qu'il ne sera pas devenu l'objet d'un effort américain déterminé [23]. »

Eliott Abrams serait-il prophète ? Mais non... Simplement, lui-même et ses amis sont arrivés depuis au pouvoir, et ils exercent une forte influence sur George W. Bush. Plus d'un an avant les attentats du 11 septembre, Eliott Abrams écrivait que le « remplacement du régime en place » en Irak était prioritaire : « Pour parvenir à ce résultat, il faudra un investissement énorme en temps, en ingéniosité, en ressources, mais l'effort en vaut évidemment la peine. Un Irak de plus en plus puissant sous Saddam constitue un danger pour tous les intérêts américains dans la région et au-delà, non seulement en raison des actions qu'il serait en mesure d'entreprendre, mais parce qu'un Saddam réhabilité serait un éloquent témoignage de notre incapacité à poursuivre une politique efficace [24]. » La conclusion s'impose d'elle-même : comme les autres membres de sa famille politique, c'est par le fer et par le feu qu'il entend que sa vision politique prévale.

Faucons, mais trouillards

L'un des rares aspects divertissants de cette montée en puissance guerrière n'est autre que l'inexpérience militaire personnelle quasi absolue des faucons et des va-t-en-guerre de tout poil, qui appartiennent pourtant tous à une génération ayant connu la guerre du Viêt-nam dans les années 1960 et 1970, du

---

23. Eliott ABRAMS, « Israel and the peace process », *in* Robert KAGAN et William KRISTOL (dir.), *Present Dangers. Crisis and Opportunity in American Foreign and Defense Policy*, Encounter Books, San Francisco, 2000, p. 235.

24. *Ibid.*, p. 238.

temps où le service militaire était encore obligatoire. Mais aucun des durs parmi les durs, les George W. Bush, Dick Cheney, Paul Wolfowitz, Richard Perle et autres, n'a jamais pris l'avion ou le bateau pour l'enfer de Saigon.

Dick Cheney est ainsi parvenu à échapper à la conscription, et par conséquent au Viêt-nam, en se mariant, après avoir épuisé tous les sursis universitaires possibles. Et le jour où l'Oncle Sam se prépara à convoquer sous les drapeaux les hommes mariés sans enfant, son épouse se trouva adéquatement enceinte, et donna naissance à leur premier bébé en temps opportun, neuf mois et deux jours après l'annonce gouvernementale ! Comme le dira plus tard le futur vice-président : « Dans les années 1960, j'avais d'autres priorités que le service militaire [25] ! » Qu'il ne soit pas allé salir ses bottes dans les rizières vietnamiennes ne l'empêche cependant pas d'avoir une idée très arrêtée sur la manière de conduire une guerre. Comme la plupart de ses amis néoconservateurs, le vice-président va-t-en-guerre ne connaît des conflits armés que leurs représentations hollywoodiennes, ce qui ne l'empêche naturellement pas d'être disposé à faire combattre les *boys*, bien au contraire !

Cette propension à expédier les hommes au casse-pipe est donc le fait de politiciens qui se sont planqués en temps de guerre et envisagent aujourd'hui l'ouverture du feu « d'un point de vue intellectuel, à l'inverse de ceux qui se trouvaient dans la jungle ou dans des terriers et voyaient leurs copains se faire exploser la tête »... Critique émise par un républicain pur sucre, le sénateur Chuck Hagel [26], authentique ancien combattant du Viêt-nam... Il est vrai que le catalogue des efforts effectués par les faucons d'aujourd'hui pour échapper hier à la conscription et au Viêt-nam est saisissant.

Bush 43 est considéré par l'ensemble de la classe politique américaine comme un AWOL [27] (*absent without leave,*

---

25. « Cheney's style : cool, methodical, and conservative », *The Washington Post*, 27 juillet 2000.

26. Michael HIRSH, « Hawks, doves and Dubya », *Newsweek*, 2 septembre 2002.

27. Un site entier est consacré à cet aspect peu reluisant de la personnalité de George W. Bush : <http://www.awolbush.com/>.

planqué), j'm'enfoutiste et fils à papa. Militariste, sans aucun doute ; acquis par avance aux arguments en faveur d'une défense forte, mais tout de même planqué. En 1968, lors de son service militaire, il avait été retenu — grâce au « piston » de son papa [28] — pour devenir pilote de chasse dans la garde nationale du Texas, et passa effectivement ses qualifications sur Convair F-102 Delta Dagger. Mais cette vocation aéronautique est plus que sujette à caution, dans la mesure où son affectation lui garantissait de ne pas partir au Viêt-nam, puisque la garde nationale n'y était pas engagée...

L'actuel président américain a toujours répondu à ces critiques qu'il n'aurait pas refusé de partir à la guerre si son unité y avait été affectée, mais que son premier souhait était de piloter, comme son père, qui avait été le plus jeune pilote de l'US Navy durant la Seconde Guerre mondiale. Sans doute. Cette piété filiale eut surtout pour effet d'empêcher George W. Bush de jamais entendre le bruit du canon, quand l'ensemble de sa génération se trouvait confrontée à la tragique équipée vietnamienne.

Paradoxalement, celui qui allait devenir en 2001 son secrétaire d'État, l'ancien général de l'US Army Colin Powell, a eu quelques années plus tôt des mots très durs contre les planqués issus de milieux favorisés et refusant d'aller combattre au Viêt-nam : « Je ne pardonnerai jamais à une classe dirigeante qui disait : ces hommes jeunes — plus pauvres, moins éduqués, moins privilégiés — sont consommables (quelqu'un les a décrits comme "chair à canon bon marché"), alors que les autres sont trop utiles pour être utilisés. Je suis en colère d'avoir vu tant de fils des puissants et des bien placés magouiller pour se trouver des planques dans la garde nationale et la réserve. Parmi les nombreuses tragédies du Viêt-nam, cette obscène discrimination de classe m'a blessé [29]. »

---

28. Chris WILLIAMS, « Bush as jet pilot : good performance in a fading plane », *Associated Press,* 7 mars 2000.
29. Colin POWELL, *My American Journey. An autobiography,* Random House, New York, 1995, p. 148.

53

Face à ces dirigeants politiques bellicistes, les critiques n'ont pas manqué. Ni même la raillerie, puisqu'ils ont gagné le peu glorieux surnom de *chickenhawks*, jeu de mots intraduisible associant poulets (*chickens*), qu'on préfère appeler en français des poules mouillées, et faucons (*hawks*). Un *chickenhawk* est un « personnage public, généralement mâle, qui tend à défendre — ou se trouve être un avocat fervent de ceux qui défendent — le recours aux solutions militaires à des problèmes d'ordre politique, mais qui, en temps de guerre, a personnellement choisi de ne pas profiter de l'opportunité qui lui était donnée de servir sous l'uniforme [30] ».

Ces critiques ont vivement agacé les personnes concernées, qui ont fait donner l'un de leurs chantres, l'universitaire Eliot Cohen, pour prendre leur défense. En septembre 2002, celui-ci a ainsi froidement affirmé : « Une jeune personne qui entame une carrière dans le domaine de la sécurité nationale devrait chercher à servir sous les drapeaux pour de nombreuses raisons — dont le patriotisme, l'expérience, la tranquillité d'esprit. Mais le fait de ne pas passer par là ne disqualifie pas cette personne pour occuper des fonctions de responsabilité. […] En matière de guerre et de paix, les opinions des anciens combattants ne méritent pas une considération particulière [31]. »

---

30. *The New Hampshire Gazette*, le plus vieux journal américain, a créé une base de données *ad hoc* : <http://www.nhgazette.com/chickenhawks.html>.

31. Eliot A. COHEN, « Hunting chickenhawks », *The Washington Post*, 5 septembre 2002.

3

Bush junior, la guerre, la bombe

Un monde en noir et blanc

Lorsque George W. Bush est entré en campagne électorale en 2000, beaucoup lui reconnaissaient quelques talents. En matière de relations publiques, de capacité d'absorption des notes de ses collaborateurs, de choix de son entourage politique. Et ses convictions simplistes, radicales, ultraconservatrices et bondieusardes avaient au mois un mérite : celui d'identifier clairement ses choix et de permettre à quiconque entendait voter pour lui de savoir où il mettait les pieds, et quel serait l'avenir du pays en cas de victoire. D'aucuns ergotaient, trouvaient le jeune Bush inconsistant, rappelaient ses beuveries de jeunesse, ses études laborieuses, le poids très lourd d'un père aux succès innombrables. Les journaux se sont affrontés à longueur de colonnes sur ces thèmes, avant de finir par admettre, au fil de la campagne présidentielle, que le candidat tenait tant bien que mal son rang.

Il est pourtant un domaine où personne n'était en mesure de lui accorder le moindre crédit : la politique étrangère. Ses lacunes étaient si criantes qu'elles sont devenues un objet de risée de l'ensemble de la classe politique et de la presse américaines. Dans une interview pour le numéro de juin 2000 du magazine de charme *Glamour*, George W. Bush, « Dubya » pour les intimes, n'avait pas su définir pour le journaliste le terme « taliban ». Ce qui laisse quand même pantois quand on sait à quels adversaires le futur hôte de la Maison-Blanche allait devoir s'intéresser quinze mois plus tard... Dans un autre entretien, il a qualifié les Grecs (*Greeks*) de « Gréciens » (*Grecians*). Il confond la Slovaquie et la Slovénie, et le nombre de ses bévues est incalculable.

Sur ces sujets, ses conseillers ont donc été contraints de passer une partie de leur temps à faire savoir à l'électorat américain que le candidat républicain n'était pas aussi nul qu'il y paraissait, et qu'il compensait ses graves lacunes par une forte capacité d'écoute et d'excellents réflexes, qu'ils sont convenus de qualifier le plus souvent possible de « bons instincts ». Au regard de son désir affirmé d'aller guerroyer en Irak, on doit se souvenir qu'avant d'être élu, et concernant le domaine militaire — très lié par définition aux objectifs de politique étrangère —, il refusait de définir les conditions qui l'amèneraient à décider une éventuelle intervention militaire extérieure.

George Bush Jr a beau avoir toujours vu couler du pétrole dans ses veines, il est vrai qu'il n'a jamais été insensible aux arguments du complexe militaro-industriel, qui cherche en permanence à obtenir des financements pour de nouveaux programmes, tout en désirant conserver ceux qui sont déjà lancés. Ancien gouverneur du Texas, Bush connaît évidemment fort bien les arguments d'une firme comme Lockheed-Martin, la première productrice de matériels de défense du monde, dont le siège est dans son fief, à Fort Worth. Pour autant, il serait peu pertinent de voir dans sa marche à la guerre une simple volonté de répondre aux désirs puissants des marchands de canon, tout comme il faut prendre avec prudence le classique argument selon lequel ce sont les pétroliers qui ont dicté la marche de l'Amérique vers une nouvelle guerre contre l'Irak.

Quant à faire de la psychanalyse en chambre, et décider que Bush voulait abattre Saddam pour venger son père que le calife de Bagdad aurait cherché à faire tuer dans un attentat, c'est peu sérieux. On sera beaucoup plus proche de la vérité, sans doute, en rappelant que George W. Bush ne possède pas la culture en matière de politique étrangère qui doit être celle d'un chef d'État, et qu'il s'est pour cette raison entouré d'experts à la compétence indiscutable. Ceux-ci, surtout des faucons, professent une vision du monde qui les conduit à chercher à tirer profit d'une guerre sans motif, dans le but de recomposer l'ensemble du Proche-Orient, en redistribuant toutes les cartes dans le monde arabe, en assurant la sécurité d'Israël à très long terme et, accessoirement, en garantissant un accès « normal » aux richesses pétrolières irakiennes.

Bush est un homme de fer, aux principes élémentaires, sommaires souvent, et même « simplistes » comme l'a dit l'ancien ministre français des Affaires étrangères Hubert Védrine[1]. Cette vision d'un monde en noir et blanc, où toutes les vertus sont du côté américain, et toutes les vilenies dans les ténèbres extérieures, a pu paraître séduisante à l'opinion publique des États-Unis, surtout après l'épouvantable choc des attentats du 11 septembre. Il n'empêche que le monde ne saurait être divisé aussi nettement, et que ce sont les zones grises qui prédominent. Dans le terrible maelström qui a saisi les États-Unis après le 11 septembre, Bush a dû apprendre très vite, en temps de guerre, à mener sa barque dans les tourbillons de relations internationales chaotiques, avec deux équipes de rameurs. La première, nous l'avons vu, est celle des faucons. La seconde, moins puissante, moins apte à diriger le bateau, c'est celles des colombes.

Colin Powell, la colombe (avec des dents)

Choisi comme secrétaire d'État par Bush Jr, Colin Powell, ancien chef d'état-major et premier des militaires américains

---

1. « Nous sommes menacés aujourd'hui d'un nouveau simplisme qui est de ramener tous les problèmes du monde à la seule lutte contre le terrorisme et ce n'est pas sérieux », sur France-Inter, le 6 février 2002. Réponse (élégante) de Colin Powell : Hubert Védrine « a des vapeurs » (*Financial Times*, 15 février 2002).

durant la guerre du Golfe, a souvent été considéré comme le général le plus politique que les États-Unis ont connu depuis Douglas McArthur. Issu d'une famille jamaïcaine installée dans le Bronx, alors l'un des quartiers les plus difficiles de New York, il n'a cessé de grimper tous les échelons d'une carrière militaire brillante, non sans naviguer savamment auprès des instances politiques.

Après avoir été l'adjoint au conseiller pour la sécurité nationale de Ronald Reagan, il fut lui-même titulaire de ce poste durant treize mois, de décembre 1987 à janvier 1989. Puis, alors que George H. W. Bush (le père) venait de prendre ses fonctions, il devint président du « comité des chefs d'état-major » (*chairman of the joint chiefs of staff*), position qu'il occupa jusqu'en septembre 1993 et qui lui a donné l'occasion de superviser l'action des armées durant la guerre du Golfe. Deux ans plus tard, il avait été donné — avant qu'il y renonce très vite — comme un possible candidat à la présidentielle contre le démocrate Bill Clinton, qui lui proposa après sa réélection, mais sans succès, de devenir son secrétaire d'État.

Powell s'est toujours comporté comme un subordonné loyal du personnel politique, tout en faisant valoir fermement ses points de vue sur les engagements militaires. Il a raconté comment, en 1993, il s'était opposé à l'envoi de troupes au sol à Sarajevo, contre l'avis de la représentante américaine à l'ONU, Madeleine Albright, qui lui avait alors demandé : « À quoi cela sert-il de disposer de ces superbes armées, dont vous nous dites toujours qu'on ne peut pas s'en servir ? » Powell écrivit dans ses mémoires : « J'ai cru en avoir une rupture d'anévrisme. Les *GI's* américains ne sont pas des jouets que l'on déplace n'importe où sur la table de jeu mondiale[2]. » Un autre jour, agacée par l'attitude de Colin Powell qui rechignait encore à accepter une expédition militaire, la même Madeleine Albright, alors secrétaire d'État de Bill Clinton, s'en était offusquée devant le conseiller pour la sécurité nationale de l'époque, Anthony Lake. Celui-ci lui

---

2. Colin POWELL, *My American Journey*, op. cit., p. 576.

aurait alors lancé : « Vous savez, Madeleine, ces questions de Colin sur nos objectifs sont exactement celles que les militaires n'ont pas posées durant la guerre du Viêt-nam [3]. » Bien vu !

L'ex-général a beau prôner une voie médiane pour traiter la question irakienne, il a eu en son temps des mots très fermes à l'égard du maître de Bagdad. Le jour même de sa nomination au secrétariat d'État, le 16 décembre 2000, il lançait à son propos : « Saddam Hussein repose sur un régime failli, qui ne sera plus en place d'ici quelques années. Le monde le laissera derrière. » Voilà qui ne laissait pas augurer une position de faiblesse… En fait, Colin Powell paraît être le seul à avoir tenu un langage sensé dans la crise, en rappelant qu'une guerre n'est pas une partie de pêche à la ligne, et que celle-là comme les autres laissera des morts sur le terrain, y compris américains.

Cette posture personnelle de prudence et de retenue, caractéristique de Powell — au point d'être parfois qualifiée de « doctrine Powell » — et d'autres officiers de sa génération, est directement héritée de leur expérience de la guerre du Viêt-nam et des traumatismes qu'elle aura causés chez les jeunes officiers qu'ils étaient alors. Mais ce rôle de conseiller du prince, cher à Colin Powell, n'est pas celui du décideur : en 1991, il était opposé à l'opération visant à expulser les Irakiens du Koweït, lui préférant une défense exclusive de l'Arabie saoudite [4] ; on sait ce qu'il advint de ce conseil. De même, il voulut empêcher les opérations américaines en Bosnie et au Kosovo. Sans plus de succès…

Pour autant, en matière de stratégie, son nom reste associé à la « doctrine Powell », exigeant que l'engagement de forces américaines dans une guerre ne puisse se concevoir que lorsque la montée en puissance est parvenue à son terme, et que la force militaire mise en œuvre surclasse celle de l'adversaire dans tous les compartiments tactiques et stratégiques. C'est cette

---

3. Stephen MUFSON, « Powell : an asset at odds with others on policy », *Washington Post*, 31 juillet 2000.
4. Ces réticences l'avaient conduit à exiger une force militaire surdimensionnée, durant la guerre du Golfe.

doctrine qui a été appliquée durant la guerre du Golfe en 1991. Et, dès la fin de l'été 2002, il était clair que ce choix était également celui de l'administration Bush dans la perspective d'une guerre contre l'Irak — contre d'autres théories plus risquées, faisant appel à des forces plus légères associées à d'hypothétiques soulèvements populaires.

Les craintes de l'état-major

À l'instar de Colin Powell, les « colombes » ne sont pas nécessairement opposées à l'usage de la force, ni même au déclenchement d'une vraie guerre, mais à la condition qu'elle soit justifiée. Devenu secrétaire d'État, Colin Powell partage ce point de vue avec nombre de ses anciens collègues restés sous l'uniforme, frustrés de voir vilipender par le politique et les bellicistes leurs positions prudentes et réservées quant à une intervention militaire.

Que reprochent donc à l'administration Bush ces colombes à casquettes ? D'abord, la diversion de moyens militaires qui seraient bien utiles en Afghanistan et autour. Surtout, ces moyens militaires seraient mieux employés, estiment les généraux, à la guerre globale contre le terrorisme qui s'étend à pratiquement toute la planète. Une guerre n'est jamais une promenade et, près d'un an et demi après les attentats du 11 septembre, les militaires américains avaient certes évincé les talibans du pouvoir en Afghanistan, mais en provoquant plus de morts civils dans ce pays que les sbires de Ben Laden en envoyant leurs avions détournés contre les tours de New York et contre le Pentagone. De plus, dix-huit mois après les attentats sur leur sol, les armées américaines n'avaient toujours pas retrouvé leur principal organisateur, ni même le mollah Omar, naguère son hôte…

Même si le Pentagone estime être en mesure de mener « deux guerres à la fois », et si la Maison-Blanche n'exige en réalité de lui que la conduite d'un seul conflit majeur à un moment donné, celui engagé contre le terrorisme depuis la fin

2001 mobilise des ressources rares (forces spéciales, linguistes, moyens de renseignement, trains logistiques, etc.), dans des régions où les militaires américains sont peu intervenus. L'état-major ne s'oppose naturellement pas fermement aux options retenues par le président, mais il entend les discuter, en considérant qu'elles posent un vrai problème d'opportunité.

Les deux lièvres (Saddam Hussein, plus Ben Laden et son réseau protéiforme), c'est trop à la fois. Chaque chose en son temps, en quelque sorte… Car si d'aventure une guerre contre l'Irak devait coïncider avec une nouvelle attaque terroriste majeure frappant les intérêts américains, le problème deviendrait rapidement insoluble. Ce que le général Henry H. Shelton, ancien chef d'état-major interarmées, traduisait en septembre 2002 en ces termes : « Si nous allons en Irak, toute notre attention se portera sur ce conflit, et il deviendra difficile de soutenir notre effort dans la guerre contre le terrorisme. C'est le grand danger que je discerne [5]. »

Seconde crainte exprimée par nombre de militaires américains : le risque de la contagion d'un conflit contre l'Irak dans l'ensemble du Moyen-Orient. Ils sont sans doute les seuls à ne pas oublier qu'Israël possède l'arme nucléaire, et que l'opinion publique arabe est à bout ; à cause du conflit palestinien, mais aussi d'un antiaméricanisme renforcé par les attentats du 11 septembre. Dans nombre de pays, dont l'Égypte, les menées hostiles de la rue contre les États-Unis ne sont contenues que par une répression sévère. Le Pentagone le sait : une guerre ne peut pas se conduire indéfiniment contre des peuples entiers, fussent-ils armés seulement de fusils ! Ses responsables craignent un effet domino d'une guerre contre l'Irak, la constitution d'un bloc arabe uni et ressoudé contre Israël et l'allié américain et, pour tout dire, une explosion généralisée de la poudrière moyen-orientale, avec d'infinies réactions en chaîne.

---

5. *In* Bradley GRAHAM, « Officers : Iraq could drain terror war », *The Washington Post*, 1er septembre 2002.

Par ailleurs, l'état-major américain craint comme la peste la popularisation de l'idée selon laquelle une guerre contre l'Irak serait « du gâteau », pour reprendre la formule idiote de Kenneth Adelman. Ancien adjoint de Donald Rumsfeld à la Défense de 1975 à 1977, ami de Richard Perle, membre du Defense Policy Board, l'un de ces faucons de l'administration Bush, Adelman a été le premier à employer le terme de *cakewalk* (que l'on peut traduire par « ce sera du gâteau » ou par « promenade de santé »)[6]. Au printemps 2002, le plus gradé des militaires américains, le président des *joint chiefs of staff*, Richard Myers, a dû monter en première ligne pour répondre à cette formule irresponsable : « On ne peut jamais dire que ce sera du gâteau. Vous avez bien vu comme cela a été difficile en Afghanistan. Tragiquement, nous avons perdu quelques vies, et c'était un pays sans organisation militaire. On ne peut pas appliquer à l'Irak ce qui s'est produit en Afghanistan. Et je ne dirai jamais que c'est du gâteau[7]. »

Il n'est évidemment plus question pour le Pentagone de réutiliser les grosses ficelles de 1990, et de prétendre que l'armée de Saddam serait la « quatrième armée du monde ». Mais en réalité, au début de 2003, personne ne savait exactement ce qu'elle vaudrait en cas de combat, quelle serait sa réaction en cas d'invasion, si son encadrement resterait ou non fidèle à Saddam Hussein, si les quelques milliers d'hommes de la garde présidentielle ne sauraient pas opposer une farouche résistance, etc.

Au plan tactique, et tout en sachant que le risque biologique et nucléaire était minime, les responsables de l'armée redoutaient l'utilisation d'armes chimiques contre leurs troupes et la ténacité du dernier carré des fidèles de Saddam dans une guérilla urbaine à laquelle l'armée américaine est mal préparée. Pour toutes ces raisons, les militaires américains sont demeurés durant toute la crise très favorables à des options autres que le

---

6. Ken ADELMAN, « Cakewalk in Iraq », *The Washington Post*, 13 février 2002.
7. CNN, 5 avril 2002.

recours à la force armée, dont le renforcement de l'embargo et celui des pressions diplomatiques et économiques.

Cedant arma togae

« Très bien, répondent en substance les faucons au pouvoir, mais ce n'est pas le problème. » Certains d'entre eux (Bush, Cheney, Rumsfeld) sont des politiciens de longue date et ils bénéficient, ou ont bénéficié, d'un viatique irremplaçable : l'onction du suffrage universel. À ce titre, et en vertu du vieux principe cicéronien *cedant arma togae* (les armes portées par les militaires sont soumises à la toge des dirigeants civils), ils possèdent une autorité incontestable sur les militaires, fonctionnaires auxquels l'État confie ses armes, rien de plus. Rien de moins non plus, d'ailleurs.

Pour autant, les critiques des généraux dont la presse américaine se fait parfois l'écho se voient systématiquement balayées d'un revers de manche, au motif que les hommes en uniformes les plus haut placés (le *top military brass*, dans le jargon washingtonien) n'ont pas leur mot à dire et doivent se satisfaire qu'on leur demande simplement de mettre en œuvre les directives du politique. Le problème, c'est que ces généraux possèdent des compétences qu'ils entendent faire valoir, travaillent sur des scénarios qu'ils souhaiteraient voir étudier dans le détail, se jugent comptables de la vie de leurs soldats qu'ils ne veulent pas envoyer au casse-pipe sans raison valable... Même si, sans doute, certains d'entre eux s'estiment fondés à aller plus loin, à tenter de définir la position stratégique de leur pays, à se considérer comme exclusivement compétents dans les conditions de la marche à la guerre, dès lors qu'elle paraît acquise, puis de la conduite du conflit, quand il survient.

Au cours de l'été 2002, George Bush a fait savoir qu'il avait emporté en vacances un livre de chevet. Au-delà de cette nouvelle d'importance — Bush lirait donc des livres ! —, il y avait une seconde raison d'étonnement : cette lecture estivale n'était autre qu'une étude d'Eliot Cohen consacrée à la relation entre quatre hommes d'État (Abraham Lincoln, Georges Clemenceau, Winston Churchill, David Ben Gourion) et « leurs » militaires [8]. Qu'importe que la ficelle ait été un peu grosse, le message était envoyé... Car Cohen explique dans son ouvrage que le lien qui rassemble ses quatre sujets d'étude n'est autre que leur capacité à imposer aux généraux le point de vue du politique, à savoir le leur. Refusant tous de se laisser imposer un encadrement militaire propulsé par la corporation, ils ont aussi, à l'heure du conflit, refusé de s'en laisser compter et de recourir à l'expertise exclusive de groupes de pression dont les intérêts n'étaient pas nécessairement conformes à ceux de la nation.

« La guerre, c'est une chose trop grave pour la confier à des militaires », a dit un jour Clemenceau, et il est clair que Bush Jr — que personne pourtant ne songerait à surnommer le « tigre », comme Clemenceau — a fait sienne cette formule. Pour Cohen, le contre-exemple à ne pas suivre dans la période actuelle est celui mis en œuvre durant la guerre du Viêt-nam par le couple Lyndon B. Johnson [9], alors président des États-Unis, et le général William Westmorland [10] : « Ce chef collet monté et manquant d'imagination ne serait pas resté quatre ans et demi aux commandes sous Lincoln. Un Clemenceau lui aurait certainement rendu visite plus d'une fois ou deux (et pas juste pour quelques jours) sur le théâtre des opérations ; un Churchill ne l'aurait pas laissé se défiler sans lui poser constamment des questions brutales sur son concept stratégique. Et après une étude complète, un Ben Gourion aurait découvert l'incroyable incohérence d'une organisation qui divisait la guerre aérienne — pour ne prendre que cet exemple — entre au moins trois commandements séparés et non coordonnés, et qui empêchait

---

8. Eliot A. COHEN, *Supreme Command. Soldiers, Statesmen and Leadership in Wartime*, Free Press, New York, 2002.
9. Trente-sixième président des États-Unis, de 1963 à 1969.
10. Général de l'US Army, commandant de la mission d'assistance militaire au Sud-Viêt-nam de 1964 à 1968, et considéré à ce titre comme l'un des responsables de la faillite de la stratégie américaine dans la guerre contre le Nord-Viêt-nam.

le commandement américain au Sud-Viêt-nam de réorganiser l'armée corrompue de son allié [11]. »

Ce qu'Eliot Cohen explique là, ce n'est pas seulement sa conviction, semblable à celle de tous les néoconservateurs, que les militaires n'ont pas de compétence propre en matière stratégique et qu'ils ne sauraient de ce fait jamais prétendre avoir raison contre l'avis de politiciens dont l'autorité procède, directement ou pas, du suffrage universel. Aux yeux de cette école de pensée, les militaires (ne) sont (que) des exécutants fidèles, pour ne pas dire servile, des options politiques. Or, celles-ci évoluant au gré de scrutins et d'alternances démocratiques parfois erratiques, le corollaire de cette assertion n'est autre que la prétendue légitimité du micro-management des crises militaires par le politique, générateur de tensions dans les relations entre l'état-major et les dirigeants, d'inefficacité sur terrain et, au pire, de risques inconsidérés pour la vie des combattants. Cette conduite des opérations, rênes courtes, est particulièrement prisée par Donald Rumsfeld, qui n'entend pas laisser la moindre prérogative aux militaires dans la préparation des opérations contre l'Irak.

Pourtant, durant la guerre du Golfe et dans le cadre général de directives données par le politique, les deux principaux chefs militaires, le général Norman Schwarzkopf sur le terrain, et son collègue Colin Powell à Washington, ont eu la possibilité de mettre en œuvre la stratégie et les tactiques qui leur paraissaient les plus opportunes, dès les premières études sur la conduite du conflit : « Ce sont les généraux, pas les civils de Washington, qui choisiront les cibles. Une victoire décisive fut assurée et les forces américaines rapidement retirées, pour ne pas se trouver englués dans une trouble après-guerre. La puissance américaine fut un violent orage, pas une petite douche régulière. Cette doctrine avait marché lors des invasions de la Grenade et de Panama. Powell et Schwarzkopf prirent

---

11. Eliot A. Cohen, *Supreme Command, op. cit.*, p. 183.

l'assurance qu'elle serait appliquée dans le Golfe. Et c'est essentiellement cette approche qui a permis la victoire [12]. »

Avec le petit Bush, c'est autre chose : son Donald Rumsfeld n'entend rien céder aux généraux, sans doute, mais pas davantage à Colin Powell devenu civil en prenant sa retraite. Le président ne pourra prendre une décision qu'en tranchant entre les avis des faucons et ceux des colombes, notamment après avoir écouté la star médiatique de son équipe dirigeante, conseillère élégante et cultivée, étonnant produit du croisement de la classe moyenne noire de l'Alabama, de l'univers académique le plus classique et du business pétrolier.

Condoleezza Rice, la forte en thème

Dans l'entourage de George W. Bush, c'est un peu comme dans un polar de derrière les fagots. Il y a le flic méchant, celui qui tape et fait pisser le sang pour réduire le suspect à merci. C'est Rumsfeld-la-brute. Puis, toujours dans le même but mais avec la manière, arrive le bon flic, humain, qui refile une clope pour réduire la tension et abaisser les défenses. Lui, c'est Powell-le-sage. Et au milieu de ces deux coriaces, il y a l'infirmière ; qui ne dit pas grand-chose, mais n'en panse pas moins, en cherchant la voie médiane.

Condoleezza « Condi » Rice, native de Birmingham (Alabama) et fille de pasteur, est sans aucun doute l'un des personnages clés de l'entourage de George Bush. Ce professeur de quarante-sept ans, qui a été tentée dans sa jeunesse par une carrière de pianiste classique et dont on aurait pu penser qu'elle cumule trois handicaps — femme, intellectuelle et noire — aux yeux de la base électorale du Parti républicain, a vu son rôle monter en flèche dès les premiers mois de la campagne présidentielle de 2000. Brillante enseignante en sciences politiques à la prestigieuse université Stanford, en

---

12. Michael R. GORDON et Bernard E. TRAINOR, *The General's War. The Inside Story of the Conflict in the Gulf*, Little, Brown & Company, New York, 1995, p. 469.

Californie, elle y fut la première femme, la première personne non blanche et la plus jeune à occuper le poste de recteur. Cette russophone émérite fut également conseillère pour les affaires russes au National Security Council, de 1987 à 1988, du temps de Ronald Reagan.

Au départ, elle est tout sauf une républicaine acharnée. Elle attache une grande importance à son initiation aux études soviétiques et à sa formation à l'université de Denver (Colorado) par le professeur Josef Korbel, le père de l'ancienne secrétaire d'État Madeleine K. Albright, à tel point que cette dernière sera un jour très étonnée d'apprendre que la jeune femme est devenue républicaine. Rice a de fait effectué un passage par le Parti démocrate à la fin des années 1970 — elle avait alors vingt-cinq ans —, avant de se retrouver, à l'issue de son passage dans l'administration Reagan, conseillère de l'éphémère candidat démocrate Gary Hart. Excellente connaisseuse de la situation européenne durant la Guerre froide, elle a écrit deux ouvrages, l'un sur l'armée tchécoslovaque [13] et l'autre sur la réunification allemande [14]. Avant d'arriver aux affaires, elle admettait son manque de compétences sur les parties du monde qu'elle connaît le moins bien : l'Asie, l'Afrique et l'Amérique du Sud.

Son intérêt pour la politique ne l'a pas détournée de celui qu'elle porte au business : elle a siégé aux conseils d'administration de Charles Schwab et de la firme pétrolière Chevron jusqu'à sa nomination à la Maison-Blanche. Elle était d'ailleurs si bien considérée dans ce groupe pétrolier de premier plan qu'elle est sans doute la seule femme politique au monde dont le nom a servi à baptiser un supertanker, lancé en 1993 et immatriculé sous pavillon de complaisance aux Bahamas. Le navire changea de nom après l'arrivée de sa marraine à la Maison-Blanche.

---

13. Condoleezza RICE, *The Soviet Union and the Czechoslovakian Army, 1948-1983. Uncertain Approach*, Princeton University Press, Princeton, 1984.

14. Condoleezza RICE et Philip D. ZELIKOW, *Germany Unified and Europe Transformed. A Study in Statecraft*, Belknap, Cambridge (Mass.), 1995.

C'est que, très rapidement citée comme la favorite pour le poste convoité de National Security Adviser, dans l'hypothèse où George W. Bush gagnerait l'élection présidentielle, elle fut effectivement nommée à cette fonction. Le président Bush, d'une ignorance indécente sur les affaires de politique étrangère avant son élection, a d'ailleurs affirmé avec une certaine candeur que Condi Rice « peut m'expliquer les questions de politique étrangère, d'une manière telle que je les comprends ». Dans l'équipe Bush, c'est Condi qui joue le rôle de tête pensante. Dans la préparation de la guerre contre l'Irak, elle est la conciliatrice, celle qui a quotidiennement l'oreille du président auquel elle consacre beaucoup de temps — au point d'être parfois considérée comme son professeur particulier en matière de politique étrangère —, celle aussi qui tente de trouver la voie médiane entre Rumsfeld le va-t-en-guerre et Powell le pas-si-paisible...

À ses propres yeux, elle est celle qui a pour tâche de « traduire les bons instincts stratégiques » de George W. Bush en une « structure intellectuelle » apte à être employée dans l'expression publique, essentiellement les discours [15]. Voilà qui donne à réfléchir, quand on sait que c'est Condoleezza Rice qui a mis au point le texte officialisant le virage majeur de la stratégie américaine telle qu'elle était connue depuis plusieurs décennies, débouchant sur la publication de la *National Security Strategy*. Nous y reviendrons.

En fait, sous les dehors d'une femme amène et lettrée, d'une politique avisée ayant mis la presse et l'opinion publique de son côté, elle est également une conservatrice endurcie, élevée dans le culte de l'Amérique glorieuse par des parents que tous disent admirables [16], et grandie dans les batailles de la conquête des droits civiques dans les années 1960. Pénétrée de ce sentiment

---

15. Evan THOMAS, « The quiet power of Condi Rice », *Newsweek*, 16 décembre 2002.

16. Pour une vision acritique, on se reportera à la biographie autorisée d'Antonia FELIX, *Condi. The Condoleezza Rice Story*, Newmarket Press, New York, 2002. Un portrait tout aussi déférent, mais plus subtil, a été proposé par Dale RUSSAKOFF, « Lessons of might and right », *The Washington Post*, 9 septembre 2001.

que chacun doit faire avec ce qui lui est donné, et compter sur nulle autre que sa propre force, Condoleezza Rice pense d'abord et avant tout aux intérêts américains.

Durant la campagne électorale, elle était alignée sur l'idée de son patron selon laquelle les armées américaines n'ont rien à faire à l'extérieur. Un point de vue bien ancré à la droite de la droite, où l'on pense que les États-Unis n'ont pas « à faire les carreaux », selon la formule de John Hillen, ancien officier de l'US Army et chercheur au CSIS, pour lequel, « s'il doit y avoir un nouvel ordre mondial, la question est de savoir de quelle manière il se mettra en place, non pas par des interventions américaines croissantes et mal choisies, mais précisément par la méthode inverse [17] ». À savoir en réservant les forces américaines pour des confrontations majeures face à des ennemis à sa taille, et non pas contre des « ambulances », maigres puissances régionales tout juste bonnes à être matées par la Grande-Bretagne et la France.

À sa manière, Condoleezza Rice partage ce point de vue, tout en définissant le sien — c'est-à-dire celui de George Bush, personne ne s'y trompe — dans un article resté fameux où elle décrit l'« intérêt national » des États-Unis [18]. On ne s'étonnera pas d'apprendre qu'elle est une adepte de la fermeture et du repliement, l'« intérêt national » de son pays ne se trouvant pas lié à ceux du reste du monde. À ses yeux, celui-ci est propre et exclusif, dans une vision égocentrique de la planète qui en dit long sur les conseils qu'elle donne à George W. Bush dans la période actuelle : « Bien sûr, il n'y a rien de mal à agir pour le bénéfice de l'humanité entière, mais c'est en quelque sorte un effet secondaire. La recherche, par les États-Unis, de leur intérêt national créera les conditions favorables pour la liberté, les marchés et la paix [19]. » Al Gore, le vice-président et candidat démocrate, lui répondra quelques jours plus tard en

17. John HILLEN, « Superpowers don't do windows », *Orbis*, printemps 1997.
18. Condoleezza RICE, « Campaign 2000, promoting the national interest », *Foreign Affairs*, janvier-février 2000.
19. *Ibid.*

condamnant fermement la fermeture réclamée par Rice et Bush : « Nous devons rejeter le nouvel isolationnisme voulant que l'on ne puisse aider nulle part, puisque l'on ne peut aider partout[20]. »

Rice parviendrait-elle à aider Bush à résoudre la quadrature du cercle, à savoir la contradiction entre les deux pôles de l'aimant : d'un côté, le retrait unilatéral et le repliement sur le sanctuaire américain et, de l'autre, l'interventionnisme à outrance, partout où paraît la moustache d'un terroriste présumé ? Cet éternel balancement entre l'engagement et le retrait est un embarras constant de la politique étrangère américaine, qui atteint des proportions considérables avec l'administration Bush, dont le chef est par construction rétif aux aventures extérieures, tout en se révélant d'un bellicisme échevelé. Peut-être Rice a-t-elle la capacité de résoudre ce problème. Mais ce n'est pas certain...

Deux jours avant les attentats du 11 septembre, le *Washington Post* écrivait : « Du point de vue de Rice, la plus grande démocratie du monde ne peut, ni ne doit, accomplir pour les peuples déchirés par les combats ce qu'ils ne peuvent pas faire pour eux-mêmes[21]. » L'idée qu'elle a défendue ensuite, selon laquelle les États-Unis doivent envoyer leurs *boys* à l'autre bout du monde pour sauver le peuple irakien écrasé par un tyran, prêterait à sourire, donc, si la situation le permettait !

---

20. Discours au International Press Institute World Congress, Boston, 30 avril 2000.
21. Dale RUSSAKOFF, « Lessons of might and right », *loc. cit.*

4

Bush, ou la loi du plus fort

L'attitude américaine vis-à-vis de l'Irak est indissociablement liée aux répulsions personnelles de George W. Bush. Après le 11 septembre, celui-ci a démontré chaque jour davantage à quel point la réaction globale qui est la sienne appartient profondément à « l'Amérique traditionnelle attachée aux valeurs de la famille et du puritanisme, de l'ordre et de l'autorité ou les redécouvrant à travers une renaissance religieuse de style fondamentaliste et une nostalgie de l'Amérique des pionniers [1] ». Face aux terroristes, qui viennent de frapper, comme face à l'Irak, qui ne l'a pas fait depuis bientôt treize ans, la seule réponse est celle de la force, des armes, de la violence et de la loi de Lynch [2]. Et advienne que pourra !

---

1. Pierre HASSNER, « États-Unis : l'empire de la force, ou la force de l'empire ? », *Cahiers de Chaillot*, n° 54, septembre 2002, p. 34.
2. Charles Lynch (1736-1796), juge de paix en Virginie durant la guerre d'Indépendance, prônait des peines d'une sévérité très excessive, dont la mort, contre les partisans de la Couronne. Honoré par ses contemporains, il vit ses pratiques avalisées par la Cour suprême.

La rupture du club des faucons

Cette situation est d'autant plus terrible qu'elle répond aux attentes d'une bonne partie de l'opinion publique, qui soutient cette politique machiste sommaire. Alors que, dans une période récente, les États-Unis ont davantage cherché à étendre leur rayonnement par la persuasion culturelle. Et avec un succès exceptionnel, comme le démontre à l'évidence l'explosion de la société de l'information mondialisée au cours des années Clinton.

Délibérément voulue, méticuleusement appliquée, savamment gagnée, cette « révolution de l'information » s'est effectuée selon un modèle rompant en quelque sorte avec la loi des armes qui avait si longtemps prévalu. Clinton n'avait certes jamais renoncé à l'option militaire : les huit années de sa présidence, marquées par nombre d'opérations armées, auront pourtant été celles du *soft power* que décrit Joseph Nye. Pour cet auteur, professeur renommé de la Kennedy School of Government (Harvard) qui fut secrétaire adjoint à la Défense dans l'administration Clinton, le pouvoir des États-Unis ne peut se conquérir, puis se conserver, par la force militaire. Il ne peut au contraire prévaloir que grâce à l'influence culturelle et à la promotion d'une forme de gouvernement affichant des principes simples : « À l'intérieur du pays (la démocratie), dans les institutions internationales (écouter les autres) et en politique étrangère (promouvoir la paix et les droits de l'homme) [3]. » De fait, la doctrine de Bush est à la fois en rupture avec cette tradition wilsonienne [4], mais également avec celles de nombre d'alliés, notamment européens, qui n'acceptent pas de se voir dicter leur conduite par la seule « hyperpuissance », selon la formule d'Hubert Védrine, le ministre des Affaires étrangères du gouvernement de Lionel Jospin.

---

3. Joseph S. NYE Jr, *The Paradox of American Power. Why the World's only Superpower Can't Go it Alone*, Oxford University Press, New York, 2002, p. 11.

4. Le président Woodrow Wilson, partisan d'une ouverture des États-Unis sur le monde, avait notamment été l'un des pères de la Société des nations.

La période de préparation de la guerre contre l'Irak démontre à tout le moins que, depuis l'arrivée au pouvoir de George W. Bush en janvier 2001, ces objectifs ne sont plus ceux des États-Unis. On peut penser qu'il s'agit là d'une réalité désastreuse, mais conjoncturelle. Que quelque sursaut viendra corriger les effets dévastateurs de cette politique étrangère qui ne sait plus écouter rien ni personne, considère tout contradicteur comme un ennemi[5], lance les grenades au feu en imaginant qu'elles ne blesseront pas leur lanceur. Mais faut-il croire vraiment à cette version ? Faut-il espérer un « accident » imprévu, comme la chute inattendue, voire la disparition de Saddam Hussein ? Peut-être. Mais force est de constater que les tambours de guerre sont battus avec entrain et que le pire est sans doute à venir…

Pour George W. Bush, on l'a vu, l'Irak était une cible potentielle bien avant les attentats du 11 septembre. Durant la campagne présidentielle de 2000, il n'avait pourtant pratiquement pas évoqué le sujet, pour une raison simple : il prétendait à longueur de discours que l'administration Clinton s'était trop engagée militairement à l'étranger, et que les soldats américains devaient rentrer au pays. Toutefois, comme toujours dans une campagne, les « éléments de langage » se diffusent par plusieurs canaux.

Par exemple, le candidat à la vice-présidence Dick Cheney présentait le 6 octobre 2000 un dessein qui n'a pas varié d'un iota deux ans et demi plus tard : « Si Saddam Hussein tente de reconstruire son arsenal nucléaire ou des armes de destruction massive, nous devrons envisager sérieusement une action militaire pour stopper cette activité. » Conseiller du candidat Bush, Robert Zoellick allait devenir ministre du Commerce extérieur (*trade representative*) dans la nouvelle administration. Or en pleine campagne électorale, bien sûr avec l'aval du candidat, il proposa tout simplement que les États-Unis « détachent » une

---

5. À cet égard, l'incroyable petite phrase de Donald Rumsfeld qualifiant la France et l'Allemagne de pays représentant la « vieille Europe », le 22 janvier 2003, se révèle particulièrement éclairante…

partie du territoire irakien et assurent sa protection, afin d'en attribuer l'administration au Congrès national irakien.

Ce ne sont pas ces hommes-là, à jour de leurs cotisations au club des faucons, qui allaient conduire à ce que l'Irak quitte le champ de vision américain après les attentats du 11 septembre ! Depuis des mois, la bande à Bush prônait l'usage de la force contre Saddam Hussein. Et la guerre contre le terrorisme leur donnera le prétexte qu'ils cherchaient pour faire avancer leurs arguments.

Axe du mal et frappes préventives

Au début de 2003, ni ces faucons, ni les colombes bien moins nombreuses autour de George W. Bush ne pouvaient néanmoins prétendre avoir formellement emporté la décision. Rappelons que les colombes en question ne sont pas des volailles pacifistes refusant la guerre par principe, mais des experts, notamment des militaires en activité, estimant que l'utilisation de la force armée dans le conflit contre l'Irak n'est pas opportune. Dans une démarche très offensive, le président a donné raison aux partisans de la manière forte, en mettant rapidement en place un cadre dialectique, idéologique et militaire lui permettant d'intervenir militairement contre l'Irak.

Car il convient tout de même de rappeler l'évidence : contrairement à ce qui prévalait en 1990-1991 lors de la guerre du Golfe, aucune opération irakienne quelle qu'elle soit n'avait pu être considérée sérieusement, au moins jusque dans les premières semaines de l'année 2003, comme un *casus belli* par les va-t-en-guerre. Les efforts de Bagdad pour poursuivre sa dotation en armes nucléaires, biologiques et chimiques ne sont pas démontrés, même si tout a été mis en place par l'ONU dans le cadre de la résolution 1441 du 8 novembre 2002, avec l'accord de l'Irak, pour chercher des éléments allant en ce sens. Les prétendus liens avec le réseau Al-Qaïda, qui pourraient fournir un prétexte à une invasion dans le cadre de la guerre contre le terrorisme, ne sont pas davantage établis : si l'on ne peut justifier une guerre par un *casus belli*, au sens classique du terme, il faut l'inventer. Comment faire ?

Après le 11 septembre, George W. Bush va s'employer à chercher cette réponse et va rapidement entendre les arguments des durs, notamment ceux de Paul Wolfowitz et Donald Rumsfeld, et — sans peine car convaincu d'avance — se faire à l'idée de la validité de leur raisonnement. Le président va donc commencer par lever le premier obstacle : l'absence de preuves. Pour remplacer le traditionnel *casus belli*, il va définir un nouveau concept stratégique, marqué notamment par la notion de « frappes préventives », qui va progressivement prendre sa pleine définition au fil des mois.

Dès son premier discours sur l'état de l'Union le 29 janvier 2002, le président inaugure donc une nouvelle voie, abandonnant la thématique des États voyous (*rogue states*), trop vague et peu opportune, pour évoquer cette fois le très religieux « Axe du mal », associant l'Irak, l'Iran et la Corée du Nord [6], contre lequel les États-Unis ne doivent pas hésiter à « agir délibérément » : « Je n'attendrai pas que des événements surviennent, alors que les dangers montent. Je ne resterai pas immobile quand le péril se rapproche. Les États-Unis d'Amérique ne permettront pas que les plus dangereux régimes du monde nous menacent avec les armes les plus destructrices [7]. »

Puis, alors que les déclarations belliqueuses se font entendre avec une vigueur accrue à Washington au printemps 2002, l'hôte de la Maison-Blanche remet ça en plus fort, d'abord lors d'un discours devant le Bundestag, le 23 mai à Berlin. Et, dès la semaine suivante, le 1er juin, devant les cadets de l'US Army à la prestigieuse école militaire de West Point, il évoque,

---

6. *Axis of evil*, référence à l'Axe qui associait l'Allemagne nazie, l'Italie fasciste et le Japon durant la Seconde Guerre mondiale. La paternité de ce terme revient à David Frum, *speechwriter* de George W. Bush, et néoconservateur patenté, affilié au *think tank* new-yorkais The Manhattan Institute. Il a publié son expérience dans des Mémoires : David FRUM, *The Right Man. The Surprise Presidency of George W. Bush*, Random House, New York, 2003.

7. Cette formule sera reprise dans *National Strategy to Combat Weapons of Mass Destruction*, document rendu public par la Maison-Blanche en décembre 2002.

explicitement cette fois, l'option de la *frappe préemptive* [8] et la nécessité d'intervenir avant que le point de rupture soit atteint : « Si nous attendons que les menaces se matérialisent complètement, nous aurons attendu trop longtemps. La guerre à la terreur ne se gagnera pas sur des positions défensives. »

Pour autant, aucun exégète ne s'y trompera : le président s'autorise bien à lancer des frappes préventives contre un ennemi désigné, sans même que les menaces se soient matérialisées ! On croit cauchemarder, mais tel est pourtant le cas… Et c'est très précisément ce qui change par rapport à la situation antérieure. Qu'il s'agisse d'une catastrophe conceptuelle, nombreux sont les experts qui en sont convaincus et qui pensent, comme ceux de la très respectée Brookings Institution, que « plutôt que d'énoncer une nouvelle doctrine formelle, il aurait été préférable de continuer à réserver les frappes préventives pour quelques situations restreintes et rares, qui verraient l'inaction poser un risque sérieux de dommages irréversibles [9] ».

Une politique irresponsable

Les Américains avaient toujours considéré cette idée de frappe préventive comme marquée du sceau de la lâcheté et de la pire sournoiserie, le pire exemple demeurant l'attaque japonaise contre Pearl Harbor, le 7 décembre 1941. Non que les États-Unis aient jamais renoncé par principe à pratiquer les frappes unilatérales, puisque c'est notamment ce à quoi servent

---

8. *Preemptive strike*. En français, le terme appartient au vocabulaire juridique et évoque le « droit de préemption ». Certains utilisent pourtant l'expression « frappes préemptives » pour désigner l'action unilatérale, s'apparentant à la légitime défense, en réponse à une initiative de l'adversaire ; par opposition aux « frappes préventives », action à froid, sans mouvement de la partie adverse (cf. Philippe GOT et Nicolas BRONARD, « La *National Security Strategy* », *Revue de Défense nationale*, décembre 2002).

9. Michael E. O'HALON, Susan E. RICE et James B. STEINBERG, « The new national security strategy and preemption », *Policy Brief*, décembre 2002.

les services secrets. Mais elles sont dans ce cas limitées dans leurs effets.

Surtout, la préparation de telles opérations de grande envergure (comme à Cuba lors de la crise des missiles de 1962, par exemple) n'a été envisagée que dans la crainte d'opérations militaires adverses contre le sol américain. Même les interventions tirées par les cheveux menées par les États-Unis dans toute l'Amérique latine depuis des décennies pouvaient être raccordées à un prétexte — protection des intérêts ou de la vie de citoyens américains, par exemple — empêchant de parler de frappes « préventives ». Dans un document d'information préparé pour le Congrès en 2002, le rédacteur est explicite : « Bien que les interventions américaines en Amérique centrale et aux Caraïbes soient controversées, et après examen du contexte dans lequel elles se sont produites, on peut dire qu'aucune d'entre elles n'a impliqué l'usage de la force militaire "préventive" par les États-Unis [10]. »

Au vu de ce tournant stratégique, les questions ne manquent pas. Que feront demain d'autres pays tentés par une agression militaire, comme la Chine vis-à-vis de Taiwan ? Pourquoi Vladimir Poutine se priverait-il d'envahir la Géorgie pour en extirper quelques terroristes de sa connaissance, comme l'envie l'en titille depuis longtemps ? Pourquoi les Indiens s'interdiraient-ils d'aller attaquer au Cachemire pakistanais les terroristes qu'ils y distinguent ? Que diront les démocraties développées dans le cas de l'invasion d'un territoire, par un quelconque voisin jugeant simplement, sans consultation de la communauté internationale, que des menaces pèsent sur lui ? Quels pourront bien être les arguments opposables aux pays désirant se doter de l'arme nucléaire ? Aucun, à vrai dire... C'est bien pour cette raison qu'aucun président américain n'avait jamais même osé envisager de théoriser cette stratégie.

---

10. Richard F. GRIMMETT, « US use of preemptive military force », *Congressional Research Service*, 18 septembre 2002.

L'Axe du mal compte plusieurs voies. L'une mène vers l'Iran, qui n'est plus vraiment un problème prioritaire depuis que la rue défie les ayatollahs et menace à moyen terme le régime théocratique... Une autre conduit à Kim Jong-il, le leader nord-coréen, à qui Bush ne saurait en vouloir, dès lors que son attitude provocatrice ne s'explique pas autrement que par sa volonté d'obtenir de nouveaux avantages économiques pour prix de sa soumission programmée, garantie de sa survie [11]. Insensible à l'Iran, indifférent à la Corée du Nord, Bush n'a d'yeux que pour le moustachu récalcitrant et bravache de Bagdad. Qui fit sans doute, naguère, peser des menaces sur la région.

De ce fait, n'en doutons point, il n'est plus digne de figurer dans une rencontre de chefs d'État. Et ce Saddam, assurément, n'entend pas se soumettre à la volonté d'un Texan arrogant, fût-il président du pays le plus puissant du monde. Il n'ignore rien des rapports de force : quand il faisait le coup de feu lors de son premier coup d'État, George W. Bush échangeait encore des photos de joueurs de base-ball dans sa cour d'école. Saddam Hussein n'a jamais hésité à envoyer *ad patres* quiconque se met en travers de son chemin, ce qui n'a pas empêché Ronald Reagan de le soutenir militairement, et très puissamment, dans sa guerre contre l'Iran. Indiscutablement, le tyran de Bagdad est une crapule. Est-il vraiment besoin de faire la liste de celles qui sévissent sur la planète, et auxquelles l'Amérique ne dépêche pas ses bombardiers pour autant ? Non, bien sûr...

Les faucons de George W. Bush veulent la guerre contre l'Irak. Sans *casus belli*. Sans la moindre preuve valable — c'est-à-dire présentable à la face du monde — de la possession par ce pays d'armes nucléaires, biologiques ou chimiques. Sans aucun soutien international, autre que celui du Royaume-Uni et d'Israël. Sans aucune des raisons communément admises, en fait, pour déclencher une guerre, les

---

11. Leon V. SIGAL, « North Korea is no Iraq : Pyongyang's negotiating strategy », *Arms Control Today*, décembre 2002.

États-Unis se sont préparés à écraser un État souverain, membre de l'ONU, des centaines de fois moins puissant que lui au plan militaire, comptant douze fois moins d'habitants.

Cette conjoncture et cette perception fallacieuse des opportunités ne pouvant pas être dites en ces termes, George W. Bush va envelopper son discours agressif et belliqueux de considérations plus générales, au point de définir pour son pays une nouvelle stratégie militaire : s'appliquant officiellement à la guerre contre le terrorisme, elle se révèle en réalité destinée à fournir le cadre juridique à une guerre contre l'Irak, et débouche sur une remise en cause profonde de la stratégie américaine dans son ensemble.

Deux poids, deux mesures

Il se trouve que les trois pays de l'Axe du mal dénoncé dans l'étonnant discours de janvier 2002 sont tous membres de l'ONU, n'affichent pas — ou plus — des postures particulièrement agressives à l'égard de leurs voisins, ont abandonné à ce que l'on sache le soutien au terrorisme international et ne sont finalement coupables que d'une chose : se trouver accusés de vouloir entrer en possession d'armes nucléaires. Encore le régime des mollahs de Téhéran n'encourt-il les foudres américaines que de manière mesurée, tandis que la Corée du Nord ne paraît pas inquiéter le moins du monde Washington.

Pourtant, en octobre 2002, Kim Jong-il, le dictateur ubuesque de Pyongyang, tyran sanguinaire s'il en fut, bourreau de son peuple tout autant que Saddam Hussein, proliférateur de technologies déstabilisantes au possible, reconnaissait tout de go devant un émissaire américain, pour la première fois, que son pays était engagé dans un programme d'enrichissement de l'uranium à des fins militaires. En révélant cet aveu, Washington ajoutait que le pays possède déjà deux bombes atomiques produites à partir du plutonium national. La colère du département d'État fut pourtant toute de sucre et de miel, Washington se contentant d'affirmer qu'il convenait de trouver

79

avec Pyongyang une « solution pacifique de la situation ». Plus conciliant, c'est impossible…

Quelques semaines plus tard, la dictature communiste héréditaire remettait le couvert, en annonçant cette fois, le 12 décembre 2002, qu'elle reprenait la production de plutonium, tournant ainsi le dos aux engagements pris en 1994 (ces derniers portaient sur le renoncement au programme nucléaire national, pour prix d'une aide économique américaine conséquente, sous forme de livraison de pétrole et de deux centrales nucléaires civiles, inaptes à produire des matières fissiles de qualité militaire). Voilà des affronts de taille, des coups de bélier donnés aux équilibres internationaux, des trahisons indiscutables de la parole donnée, assortis de la preuve de mensonges réels, avoués, confirmés, concernant de plus des programmes très avancés. Que dit Washington ? Rien. Totale indifférence, ou presque. Ce sont les experts, bien plus tracassés par la menace coréenne que par celle — désormais hypothétique — de l'Irak, qui réclament le lancement immédiat de discussions entre Pyongyang et Washington, de même que celui de vérifications sur le terrain, au motif qu'« ignorer le problème n'est plus une option qui sert les États-Unis ou les intérêts globaux de sécurité [12] ».

Tout cela est limpide : les discours belliqueux américains ne s'adressent qu'à l'Irak, unique objet du ressentiment de Bush et de son escadrille de faucons. D'abord parce que le projet stratégique de tout ce petit monde est bien plus focalisé sur le Moyen-Orient que sur le reste du monde. Ensuite parce que l'armée américaine a beau être la première du monde et se trouver priée d'avaler les rodomontades rumsfeldiennes affirmant qu'elle doit être en mesure de mener quatre guerres à la fois, elle n'est pas capable de donner un coup de bâton sur la tête de Saddam Hussein, tout en cherchant Ben Laden dans sa grotte, non sans tirer en même temps les oreilles de Kim Jong-il. Si, en guise de hors-d'œuvre, une guerre de seize mois contre le terrorisme n'a

---

12. Jon WOLFSTHAL, « Time to deal with North Korea », *Carnegie Analysis*, 12 décembre 2002.

pas permis d'attraper le moindre vrai chef d'Al-Qaïda, tenter de faire la peau de Saddam Hussein fera-t-il un plat de résistance plus digeste ? C'est en tout cas largement suffisant pour l'Oncle Sam. Le dessert Kim Jong-il attendra.

Changement de posture nucléaire

En matière stratégique, rien n'est plus important que l'arme ultime, l'arme nucléaire. Les pays qui la possèdent, et en même temps les moyens de l'envoyer partout dans le monde, ne sont que cinq (Chine, États-Unis, France, Royaume-Uni, Russie) et se trouvent également, pour cette raison, membres permanents du Conseil de sécurité de l'ONU, dirigeants de fait la communauté internationale. Que l'un d'entre eux, *a fortiori* les États-Unis, touche un cheveu de sa doctrine en la matière, et c'est la planète qui s'en trouve chamboulée. Or c'est précisément ce que l'administration Bush met en place en redéfinissant en catimini la « posture nucléaire » des armées américaines.

Explication : même si les choses ne sont par définition jamais exprimées aussi clairement, la nature même de la dissuasion interdisant de préciser quoi que ce soit, trois principes de base, bien que rarement exprimés sous cette forme, sont acquis. Le premier de ces principes n'est autre que ce fait élémentaire, naguère exprimé par le président de la République française, Valéry Giscard d'Estaing, qui avait soulevé un tollé : le nucléaire ne dissuade que du nucléaire. L'illustration en a été donnée de façon saisissante par Oussama Ben Laden, qui n'a nullement été dissuadé d'attaquer la puissance nucléaire américaine. Le deuxième principe, c'est que les possesseurs de cette arme ne peuvent l'utiliser que si leurs intérêts « vitaux » sont en péril ; il n'est pas (plus) question que l'arme atomique serve à la bataille, car les conséquences de cet usage déboucheraient soit une victoire à la Pyrrhus, contre un adversaire non nucléaire, soit sur la destruction mutuelle des adversaires, contre une autre puissance nucléaire. Dans ce dernier cas, l'interdiction de fait débouche sur le troisième principe : le *no first use* (pas d'usage en premier) est la règle. En clair : je ne te jette une bombe atomique que si tu m'as déjà frappé de cette façon, et que, sans riposte, je disparais. Donc mes armes servent surtout à exercer une « dissuasion » sur toi, qui ne pourrais me détruire qu'au prix de ta propre destruction.

Concernant l'arrivée possible, hypothétique, un jour lointain, des trois pays de l'Axe du mal dans le club nucléaire, la grande crainte des États-Unis réside dans la conviction que ces nouveaux venus ne respecteraient pas ces préceptes tacites, et donc qu'ils utiliseraient éventuellement ces armes pour la bataille. Et non, comme tous les autres, pour la dissuasion. D'où l'innovation de George W. Bush, révélée dans un document transmis au Congrès et rendu public en mars 2002 par le *Los Angeles Times* [13], la *Nuclear Posture Review* [14] : si ces pays s'engagent dans la production d'armes de destruction massive — nous avons vu ce qu'il faut penser de ce terme —, que les preuves existent ou pas, qu'ils disposent ou non d'armement nucléaire, ils doivent se faire à l'idée que les États-Unis les réduiront en cendres avant qu'ils aient pu entrer dans la réalisation de ces armes, ou émettre l'idée de s'en servir. C'est net et précis, dès lors que « la préemption consiste à prendre une décision de frappe nucléaire en premier, avec la conviction que l'ennemi a déjà donné l'ordre à ses forces d'attaquer. En ce sens, la préemption se distingue de la guerre préventive ou préméditée, visant à devancer une possible attaque dans l'avenir [15] ».

Plus que la guerre contre le terrorisme, c'est le « cas Saddam » qui s'est trouvé mis à profit pour redéfinir la stratégie américaine. Même après le traumatisme du 11 septembre, il aurait été difficile pour l'administration Bush de préparer une

---

13. William M. ARKIN, « Secret plan outlines the unthinkable », *The Los Angeles Times*, 10 mars 2002.

14. Seuls des extraits de ce document ont été publiés : <http://www.globalsecurity.org/wmd/library/policy/dod/npr.htm>.

15. Stephen J. CIMBALA, *Military Persuasion in War and Policy. The Power of Soft*, Praeger, Westport, 2002, p. 213.

relance des essais nucléaires ou de s'engager vers la mise au point de nouvelles armes atomiques au seul motif de la lutte contre Ben Laden. Saddam Hussein tombe de ce point de vue à pic, qui n'a sans doute plus que des capacités résiduelles de bricoler ses propres bombes, mais a tenté en son temps de le faire, avec constance et persévérance.

La nouveauté n'est pas que des pays nucléarisés puissent faire l'objet de telles mesures : par principe, la doctrine américaine ne l'excluait pas. Mais les questions soulevées par cette nouvelle attitude sont effarantes, en ce qu'elles font reculer le monde de vingt ans, pour le faire revenir à l'époque de Ronald Reagan, lorsque la Guerre froide battait encore son plein, et que les dirigeants américains affirmaient qu'il était possible pour leur pays d'engager puis de gagner une bataille nucléaire. En 1997, le président Bill Clinton avait heureusement mis de l'ordre dans cette doctrine d'un autre âge, pour s'interdire l'usage en premier de l'arme nucléaire. Et voilà que Bush renonce à cette avancée, proclame que la bombe atomique n'est pas un tabou et qu'elle pourra être utilisée comme une super artillerie, pour peu que l'Amérique le veuille. Alors même que le monde cherche à se débarrasser de l'arme atomique dont la prolifération met en péril des équilibres décennaux, la première puissance militaire jette de l'huile sur le feu, en assortissant sa déclaration agressive de considérations inquiétantes. Notamment en ne rejetant pas l'idée de construire de nouvelles armes atomiques, ce qui impliquerait de reprendre les essais nucléaires. Là encore, l'occasion Saddam fait le larron Bush, car les républicains ont toujours été opposés à l'arrêt des essais nucléaires.

Une frappe nucléaire en premier contre l'Irak n'aurait pourtant aucun sens, et on ne peut même pas sérieusement envisager, sauf à ouvrir un nouveau chapitre de l'histoire de l'humanité, qu'une frappe chimique contre les forces américaines — bien entendu protégées par des équipements et des tactiques adéquats — conduirait le président à cette décision ultime.

Lorsque le président Jacques Chirac annonça le 29 janvier 1996 que la France cessait définitivement de recourir aux essais nucléaires, après l'ultime série de six tirs qui venait de se conclure, la Maison-Blanche publia aussitôt un communiqué indiquant que « les États-Unis se félicitent de la décision de la France de mettre fin aux essais nucléaires dans le Pacifique et de son solide soutien à la conclusion rapide d'un CTBT (*Comprehensive Test Ban Treaty*) [16] intégrant l'option zéro ». Effectivement, Paris signa le CTBT en temps et en heure, et le Parlement français ratifia cette décision du chef de l'État. Mais si le président américain Bill Clinton a bien signé à son tour le traité en 1999, le Congrès à majorité républicaine a refusé de faire de même en octobre de cette même année. Et lors de la campagne présidentielle, le candidat George W. Bush avait fait connaître sans ambiguïté son point de vue : « Notre pays doit réduire l'intérêt diabolique de ces armes pour les États voyous, en les rendant sans intérêt grâce à la défense antimissiles. Le CTBT ne permet en rien d'atteindre ces buts. Il ne réduit pas la prolifération ; il n'est pas vérifiable, personne n'a les moyens de le faire appliquer et il empêcherait notre pays de s'assurer de la sûreté et de fiabilité de sa dissuasion, si le besoin s'en faisait sentir [17]. »

Six mois plus tôt, à l'occasion du rejet officiel du traité par les sénateurs, Richard Perle, devenu aujourd'hui patron du Defense Policy Board, avait estimé que la position républicaine n'avait pas besoin d'évoluer. Au motif que la ratification du traité par les États-Unis les laisseraient « indécis sur la sûreté et la fiabilité de leurs armes nucléaires », tandis que les « États voyous » n'hésiteraient pas à « tricher ». Les Vulcains et leur chef n'allaient pas changer d'attitude une fois arrivés au pouvoir !

---

16. En français, le terme consacré, mais peu usité, est TICEN (Traité d'interdiction complète des essais nucléaires).
17. Discours à la Ronald Reagan Library, 19 novembre 1999.

Ouvrez le feu !

L'éventuel lancement de la fabrication d'une arme nucléaire de type nouveau a d'ailleurs été glissé discrètement dans la proposition de budget de la défense 2003 transmise au Congrès... Cette munition serait destinée à détruire les installations ennemies enterrées — cette caractéristique vise explicitement l'Irak, la Corée du Nord et la Libye — et sa conception exigerait la reprise des essais nucléaires américains interrompus depuis 1992. Cette bombe de nouvelle génération complétcrait la *bunkerbuster* B61-11, dans l'inventaire de l'US Air force depuis 1997. Le document budgétaire précise que les trois laboratoires nucléaires militaires américains (Lawrence Livermore, Los Alamos, Sandia) doivent se tenir prêts à reprendre les essais avec un préavis de six mois [18].

Une fois de plus, Saddam Hussein a le dos large... Car de manière évidente, les dispositifs stratégiques mis en place après les attentats du 11 septembre ne le visent que modérément au plan militaire, tout en autorisant le Pentagone et l'exécutif à faire avaliser par le Congrès de nouveaux concepts qui, sans cette opportune guerre à venir contre l'Irak, n'auraient que peu de chances de passer la rampe.

Au début de l'année 2003, l'éventualité d'une reprise des essais nucléaires américains après dix années d'interruption ne pouvait être considérée à la légère, et plusieurs éléments le confirmaient. Notamment le fait que cette hypothèse a été évoquée à la fin de l'année 2002 au sein du Nuclear Weapons Council, l'organe de coopération que préside Edward C. Aldridge Jr, sous-secrétaire à la Défense pour les acquisitions, la technologie et la logistique, et réunissant le secrétariat à la Défense et le secrétariat à l'Énergie. De plus, cette reprise

---

18. Pour un complément sur ce sujet, voir Robert W. NELSON, « Low-Yield earth-penetrating nuclear weapons », *Science and Global Security*, octobre 2002. Pour une discussion sur les effets respectifs des armes nucléaires et des armes classiques contre des installations enterrées : Michael A. LEVI, *Fire in the Hole. Nuclear and Non-nuclear Options for Counter-proliferation*, Carnegie Endowment for International Peace, novembre 2002.

est poussée par Donald Rumsfeld, Paul Wolfowitz et Richard Perle, rejoints en ce combat douteux par John Foster, ingénieur concepteur d'armes nucléaires qui avait joué un rôle important dans le refus du Sénat de ratifier le CTBT.

Car, effectivement, la rupture est si forte avec quarante ans de doctrine nucléaire à peu près constante que l'évidence est là : « Les États-Unis ont travaillé durant plusieurs décennies à la réduction du rôle joué par les armes nucléaires dans la sécurité internationale, et à réduire au maximum l'usage ou la propagation des armes de destruction massive. Plutôt que poursuivre cette tendance, la *Nuclear Posture Review* redonne de la vigueur au rôle de l'arme nucléaire, et rend son usage plus vraisemblable qu'il l'a jamais été depuis le plus fort de la Guerre froide [19]. » En termes clairs : la dissuasion est morte, vive la bataille à coups de champignons !

Terrible situation : il semble vraiment que des apprentis sorciers aient pris le pouvoir à Washington, et qu'ils fassent table rase de dizaines d'années de réflexions complexes, de l'élaboration millimétrée de discours stratégiques peaufinés par les plus beaux esprits du XXe siècle qui, après avoir tout fait pour pouvoir disposer de l'arme absolue et avoir perçu ses effets tragiques en 1945, ont cherché ensuite tous les moyens de conserver le feu sous la cendre. Avec succès, jusqu'à ce jour. Mais l'opportun Saddam vient donner du sens — fallacieusement, mais là n'est pas le problème — à l'idée selon laquelle la bombe atomique, dans certaines circonstances, pourrait de nouveau justifier son emploi. Les interrogations sont légitimes, et les inquiétudes de ce chercheur doivent être les nôtres : « La posture nucléaire de l'Amérique devient-elle si liée à la poursuite de la "crédibilité" qu'elle risque de nous jeter dans le conflit qu'elle est censée dissuader ? Ou bien y aura-t-il un point au-delà duquel la posture sera considérée comme "suffisamment crédible", au-delà duquel la poursuite de la recherche

---

19. Joseph Cirincione et Jon Wolfsthal, « A change in US nuclear policy », *Carnegie Analysis*, 11 mars 2002.

de capacités opérationnelles supérieures perd son sens, et devient même contre-productive [20] ? »

Nous avons vu comment la *Nuclear Posture Review* remodèle profondément la stratégie nucléaire américaine, et comment la théorie des frappes préventives autorise des changements fondamentaux dans l'application de la force militaire à la résolution des conflits, naturellement au seul profit de la puissance la plus forte. Du moins cette dernière l'espère-t-elle. Mais la première de ces deux évolutions n'est pas réellement officielle, et la seconde n'avait durant plusieurs mois fait l'objet que de discours présidentiels ; solennels, certes, mais non point inscrits dans le marbre. Ce sera chose faite le 17 septembre 2002 avec la publication d'un texte officiel de la Maison-Blanche, le *National Security Strategy* [21]. Cette fois, les choses sont inscrites pour l'Histoire, et c'est dans un texte officiel, réfléchi, écrit, que le président des États-Unis signifie l'évolution qu'il a décidée et sacralise la notion de frappes préventives.

Ce texte publié un an après les attentats vient confirmer ce que l'on sait déjà, en fait : l'Amérique qui a perdu l'ennemi traditionnel — la Russie soviétique — se trouve confrontée à des menaces transnationales, non étatiques, qu'elle n'avait pas vu venir. Blessée, elle croit pouvoir se défendre par la seule force militaire, en augmentant le budget de ses armées [22], en étendant son emprise sur les zones où elle est présente (par exemple, le golfe Arabo-Persique), en réactivant ses armes nucléaires, en lançant un programme incohérent de défense antimissiles.

20. Hans M. Kristensen, « Preemptive posturing », *Bulletin of the Atomic Scientists*, septembre-octobre 2002.
21. <http://www.whitehouse.gov/nsc/nss.pdf>. De larges extraits de ce texte ont été publiés par *Le Monde*, le 24 septembre 2002.
22. Qui atteint en 2003 environ un milliard de dollars par jour !

5

Désinformation et propagande

L'une des questions que se sont posées les journalistes américains depuis le 11 septembre, à tout le moins ceux qui ont conservé un minimum de sens critique, porte sur la nature de leur métier. À tort ou à raison, et sans doute plus souvent à bon escient, ils ont le sentiment qu'il leur est pratiquement impossible de risquer une analyse défavorable de l'administration en général et du président George W. Bush en particulier, sauf à accepter de passer pour membre d'une cinquième colonne antipatriotique. La guerre contre le terrorisme, prise dans son acception la plus large, demeure pratiquement inattaquable, ainsi que s'en est ouvert le spécialiste des médias au *Washington Post*, Howard Kurtz, à son confrère Ted Gup : « Très peu de commentateurs souhaitent défier l'administration en la mettant en accusation dans sa guerre contre le terrorisme. La critique est radioactive, et tout journaliste se doit d'être absolument sûr de lui, et d'une prudence extrême, avant de s'en prendre au président et à son équipe sur ce sujet [1]. »

On peut d'ailleurs observer que la politique de George W. Bush ne souffre aucune objection sérieuse, ni de la grande presse — à l'exception partielle mais notable du *New York*

---

1. *In* Ted GUP, « New climate, old culture », *Columbia Journalism Review*, septembre-octobre 2002.

Times —, ni même de la part de ses opposants politiques. Évoquant leur attitude critique devant le Sénat que les démocrates dominent, le président n'avait pas craint d'affirmer en septembre 2002 que cette instance « n'est pas intéressée par la sécurité du peuple américain ». Une attitude qui a justifié une levée de boucliers démocrates, ainsi qu'une fronde peu commune des journalistes accrédités à la Maison-Blanche [2].

Secret et fuites calculées

L'autre motif de mécontentement des journalistes américains réside dans le secret observé par l'administration pour tout ce qui touche de près ou de loin les dispositifs mis en place dans la lutte contre le terrorisme, mais également dans la préparation de la guerre contre l'Irak. Pourtant, une société démocratique ne peut vivre sans que perdurent certains flux d'informations, même dans les périodes les plus pénibles, c'est-à-dire en temps de guerre. Il existe toujours une petite poignée d'hommes au courant des aspects les plus secrets d'une politique de sécurité, et nombre d'entre eux en viennent souvent à considérer que la mise au courant de l'opinion publique fait partie de leur mission, ne serait-ce que pour obtenir un soutien suffisant à la politique qu'ils prônent.

La chronique des fuites en direction de la presse — en provenance de la Maison-Blanche, du Pentagone, de la CIA, des assemblées parlementaires, etc. — n'a ainsi cessé de se remplir depuis le 11 septembre, au fil des scoops successifs des grands journaux et magazines. Durant la guerre contre l'Afghanistan fin 2001, les révélations ont été quotidiennes, chacune des parties y trouvant sans aucun doute son compte, et même au-delà. Pourquoi ces fuites ne sont-elles pas aussi inadmissibles que certains le pensent ? Tout simplement parce que les généraux ont besoin de l'appui de l'opinion publique. Une

---

2. Mark HALPERIN, « Reporters try the silence treatment », *The New York Times*, 30 septembre 2002.

guerre se mène devant, au front, mais également derrière, au pays. Sans le soutien populaire, elle ne peut se gagner.

Et l'une des raisons de l'opposition — à tout le moins de la réticence palpable — des généraux américains à une guerre contre l'Irak a justement résidé dans leur crainte de devoir la conduire sans un appui populaire minimal. Ces généraux « colombes », vilipendés par les néoconservateurs tenant le haut du pavé washingtonien, sont en fait les derniers représentants en activité des officiers ayant connu la guerre du Viêtnam. Ils ne souhaitent pas que cette tragique expérience se renouvelle en Irak, et n'acceptent pas de risquer le moins du monde de se retrouver dans un « bourbier ». En organisant des fuites sur leurs tactiques éventuelles, leurs choix opérationnels, leurs désaccords avec le politique, ils ne prennent aucun risque. À tel point que les informations « fuitent » comme le robinet d'une vieille chambre d'hôtel et suscitent des commentaires d'autant plus acerbes que les révélations sont considérables.

En juillet 2002, lorsque le *New York Times* a publié ce qu'il présentait comme les plans du Pentagone dans la préparation d'une attaque de l'Irak[3], il a reçu force volées de bois vert — au point qu'un colonel en retraite de l'US Army est allé jusqu'à accuser le journal d'« arrogance », d'« élitisme a-patriotique » en le qualifiant d'« instrument d'une compétition bureaucratique[4] ». Un autre commentateur s'est demandé s'il s'agissait de « stupidité criminelle dans le meilleur des cas, ou au pire [d']une trahison punissable[5] ». Quant à Donald Rumsfeld, il a estimé lors d'une conférence de presse la semaine suivante que ces fuites étaient « inexcusables » et que leurs auteurs « devraient être emprisonnés ». Or, si Rumsfeld — on l'a vu — est réputé pour son talent de comédien, transformant chacune de ses conférences de presse en show médiatique, il s'est

---

3. Eric SCHMITT, « US plan for Iraq is said to include attack on three sides », *The New York Times*, 5 juillet 2002.

4. Kenneth ALLARD, « Waging a war of words », *MSNBC*, 9 juillet 2002.

5. James S. ROBBINS, « Reckless reporting ? », *National Review Online*, 23 juillet 2002.

également révélé « brillant dans l'organisation de fuites calculées [6] », selon l'avis du politologue Stephen Hess, auteur d'une étude savante sur le sujet [7]. Pour autant, nul ne peut soupçonner le secrétaire à la Défense de vouloir œuvrer contre les intérêts de son propre pays, ni l'accuser d'avoir organisé celles destinées, cette fois-là, au *New York Times*.

Alors, pourquoi ces fuites, qui sont tout sauf fortuites et ne révèlent que des éléments — une attaque aéroterrestre contre l'Irak à partir de trois fronts (nord, sud et ouest) — qu'un analyste à peine éclairé pourrait sans problème deviner tout seul ? Parce qu'elles sont paradoxalement fort utiles à l'administration Bush. Ou, pour être plus précis, parce qu'elles ne le gênent pas le moins du monde. Aucun détail qui pourrait mettre en jeu la vie d'un seul soldat américain n'est évoqué, mais l'auteur en écrit assez pour que ses lecteurs comprennent qu'il a eu un document secret en main. L'absence de détails précis ne pouvait pas donner le moindre renseignement à Saddam Hussein, qui n'ignore pas que, quand une attaque contre son pays surviendra, elle ne fera pas l'objet d'une publicité préalable.

Dans un article assez inhabituel, analysant un mois plus tard les conséquences de ses propres révélations, le *New York Times* cite un ancien porte-parole de l'administration Clinton, Michael D. McCurry, qui se dit convaincu que ces fuites « sont pour l'essentiel intentionnelles. [Les généraux] évoquent ces questions pour susciter un débat [8] ». Sans doute, et cela que l'origine de la fuite soit militaire ou politicienne. Mais n'oublions pas qu'au cours de l'été 2002 il convenait de maintenir une certaine pression médiatique, ne serait-ce que parce que les faucons avaient perdu quelques plumes, et donc un peu d'altitude, au profit des opposants à l'intervention militaire.

---

6. À l'occasion du colloque « Media influence on national decisionmaking », Brookings/Harvard Forum, 12 décembre 2001.

7. Stephen HESS, *The Government/Press Connection. Press Officers and their Offices*, Brookings Press, Washington, 1984, p. 77-78.

8. *In* Christopher MARQUIS, « For each audience, another secret plan to attack Iraq », *The New York Times*, 11 août 2002.

La pratique des fuites en temps de guerre — et les États-Unis sont en guerre depuis le 11 septembre 2001 — est un art exigeant du doigté. À la fois de la part du « distributeur » d'information, qui prend le risque d'être perçu comme un traître, mais aussi de son réceptionnaire, qui pourrait susciter des velléités peu amènes chez les militaires et les politiciens. Sans doute des poursuites judiciaires sont-elles pratiquement impossibles contre les journalistes américains, dès lors que la collecte de preuves par la justice imposerait de rendre publiques des écoutes judiciaires. Mais les États-Unis ne sont pas la France et, dans ce pays-là, les journalistes ne font l'objet d'écoutes ni de la part de l'administration, ni de celle de la justice[9].

Le jeu de la fuite en temps de guerre peut en valoir la chandelle dans des occasions bien précises, mais la divulgation d'hypothétiques scénarios guerriers contre l'Irak n'appartient pas à cette catégorie des révélations qui changent le cours de l'histoire ; il paraît beaucoup plus probable que, dans ce cas, un membre de l'administration américaine a choisi d'appliquer la maxime de Winston Churchill : « En temps de guerre, la vérité est si précieuse que sa protection rapprochée, c'est le mensonge. » En l'espèce, l'opinion publique est la seule dupe de l'histoire, qui croit qu'en juillet 2002 un responsable aurait pu se montrer assez… irresponsable pour dévoiler à Saddam Hussein, plusieurs mois à l'avance, les plans d'action contre son pays. Plus simplement, c'est à une petite opération de propagande que le prestigieux *New York Times* s'est prêté. On l'a connu meilleur, en bien d'autres occasions !

L'organisation de la désinformation

Le fait est là : on atteint aisément les limites de la « complicité » entre les journaux et leurs informateurs. Tant que la presse accepte de se faire l'instrument d'une politique, elle se

9. Jean GUISNEL, *La Citadelle endormie, op. cit.*, p. 83-86.

voit fournir toutes les informations alléchantes qu'elle peut souhaiter, au risque de tomber parfois dans certains travers de ce *yellow journalism* fait de ragots et d'informations tronquées, sinon de bobards, cher autrefois aux pionniers américains de la presse à scandale, William Randolph Hearst et Joseph Pulitzer — ce dernier ayant donné paradoxalement son nom à un prestigieux prix de journalisme. Mais la générosité de ces petits cadeaux faits aux journaux n'a d'égal que le mutisme et les efforts pour les tenir hors de portée lorsque les affaires sérieuses commencent.

Aux yeux de Bush et de ses faucons, la presse ne vaut que manipulée, abreuvée d'informations mensongères, interdite d'images non contrôlées. Dans une sorte de délire faisant fi des principes informels, mais élémentaires, de la société de l'information, l'administration n'a pas craint, durant les premiers mois de l'année 2002, de commencer la mise en place au Pentagone d'une unité exclusivement destinée à désinformer la planète, qui aurait été confiée à l'un des adjoints de Donald Rumsfeld, Douglas Feith : l'Office of Strategic Influence. L'intitulé — influence stratégique — est en soi un programme... Doté de plusieurs dizaines de millions de dollars, ce bureau créé peu après le 11 septembre avait immédiatement passé un contrat de 100 000 dollars par mois avec une société de communication et de relations publiques bien connue : le Rendon Group de John W. Rendon. Ce dernier possédait des titres pour mener cette mission : c'est lui qui conseilla la famille royale du Koweït après l'invasion irakienne de 1990, en réussissant quelques coups fameux, dont la calembredaine selon laquelle les troupes irakiennes envahissant l'émirat étaient allées débrancher les couveuses dans les hôpitaux ! Le Rendon Group travaille également avec la CIA et le Congrès national irakien. On est en bonne compagnie...

Lorsque le *New York Times*, encore lui, révèle l'existence de cette ébouriffante mission [10], il ne cache pas que le projet

---

10. James DAO et Eric SCHMITT, « Pentagon readies efforts to sway sentiment abroad », *The New York Times*, 19 février 2002.

prévoit explicitement de mentir aux journalistes, à condition qu'ils soient étrangers (moyen-orientaux, asiatiques ou européens), pour leur faire passer des messages conformes aux vœux de l'administration, et favoriser ainsi l'effort de guerre et la stratégie américains dans leurs pays. Naturellement, de telles pratiques, affichées et même revendiquées par les amis de George W. Bush au nom du principe de la manipulation prétendument légitime de l'information en temps de guerre [11], ne pouvaient franchir la barre de l'opinion publique.

Une semaine après la révélation de son existence, l'Office of Strategic Influence était enterré, mais pas les principes qui avaient présidé à sa mise en place. Dans une réunion avec les journalistes accrédités au Pentagone, Donald Rumsfeld notait le 18 novembre qu'il n'avait supprimé l'Office of Strategic Influence que sur le papier : « J'entendais continuer à faire chaque chose qui doit être faite, et je l'ai fait [12]. » La réflexion globale sur l'information stratégique américaine a été confiée au US Strategic Command, et le bureau des chefs d'état-major a mis au point un *Joint Strategic Capabilities Plan*, qui n'attend qu'une vraie bonne guerre pour être mis en œuvre à grande échelle.

Selon le *Los Angeles Times*, qui a eu connaissance de ce plan, il contient des éléments très clairs « sur le management de l'information destinée au public, le contrôle des sources journalistiques, la manipulation de l'opinion publique [13] ». Faut-il voir un effet de cette stratégie dans la publication solennelle par la Maison-Blanche, le 21 janvier 2003, d'un *executive order* annonçant la création d'un Office of Global Communication, chargé de garantir « la cohérence des messages qui assureront la promotion des intérêts des États-Unis à l'étranger, éviteront

---

11. Joseph E. PERSICO, « Deception is part of the art of war, but shhhhhh ! », *The Wall Street Journal*, 28 février 2002.

12. Curieusement (?), cette déclaration n'a pas été reprise par la presse américaine, et n'a été relevée que par l'association FAIR (Fairness & Accuracy in Reporting), le 27 novembre 2002.

13. William M. ARKIN, « US military's new war of words », *The Los Angeles Times*, 24 novembre 2002.

les incompréhensions, fourniront un appui aux partenaires des États-Unis dans les coalitions, informeront les opinions internationales » ? C'est bien possible. Si l'on en croit la première publication officielle, en janvier 2003, d'un document de propagande [14] sans la moindre mention d'origine ni de date de parution, le résultat est à la hauteur des attentes des faucons : sommaire et affligeant...

Il faut dire que l'administration américaine ne manque pas d'expérience en la matière. Pour ne prendre qu'un exemple, avant la guerre du Golfe — et l'auteur de ces lignes est bien placé pour l'écrire, qui fut intoxiqué comme les autres —, le Pentagone avait lancé une campagne de propagande très élaborée, visant à faire avaler aussi bien à la presse américaine qu'à tous les journaux du monde, et au dictateur irakien, que des dizaines de milliers de *marines* débarqueraient frontalement sur les plages du Koweït occupé. En réalité, on assista à une offensive aéroterrestre très classique, sur une ligne de front de plusieurs centaines de kilomètres.

Dix ans plus tard, durant la guerre contre l'Afghanistan, l'accès des journalistes aux forces armées sur le terrain s'est trouvé encore plus réduit, si possible, qu'en 1991. Il a provoqué d'innombrables chamailleries entre le Pentagone et les journaux, mais l'on sait déjà que dans l'éventualité d'une guerre contre l'Irak, la presse américaine rechignera, mais finira par observer les principes qui sont les siens depuis la guerre du Golfe : soumission aux ordres du Pentagone, acceptation du contrôle des sources — voire de la relecture préalable des articles —, mais aussi autocensure et refus de répéter les « erreurs » (ou supposées telles) commises durant la guerre du Viêt-nam. On se souvient que durant ce conflit les articles de la presse, mais aussi les images envoyées par des reporters photographes devenus mythiques (comme Larry Burrows, de *Life Magazine*, mort en 1971) ont puissamment contribué à développer le mouvement antiguerre sur les campus américains.

---

14. *Apparatus of Lies. Saddam's Disinformation and Propaganda. 1990-2003.*

Quel est le résultat, aujourd'hui, de cette débauche de terribles clichés ? On n'en voit plus... L'Amérique livre désormais des guerres sans blessés, sans cadavres, sans que, apparemment, le sang coule. Du moins si l'on en croit les images présentées par la presse. Souvenons-nous de celles des attentats du 11 septembre : sur les télévisions, dans les journaux, on n'en a pas vu les terribles effets sur la population, alors que la presse française n'a pas craint, par exemple, de montrer de très dures images des effets de l'explosion de l'usine AZF de Toulouse... La question ne porte pas ici sur le fait de savoir qui a tort ou qui a raison, c'est un autre sujet. Mais il est indéniable que la presse américaine a choisi de transformer la pratique de sa mission d'information.

Hollywood à la rescousse

Qu'elle cesse de contrôler les images, et la machine s'emballe. Souvenons-nous de cette expédition guerrière en Somalie en 1992, qui a vu le corps expéditionnaire américain rentrer à la maison après non seulement que des rebelles armés de simples Kalachnikov et de quelques petites roquettes aient abattu des hélicoptères de combat, mais aussi — surtout ? — que ces soldats de fortune aient traîné le corps d'un *GI's* derrière un pick-up. Non contrôlée, l'image a fait le tour du monde et ne fut contrebalancée que près de dix ans plus tard, lors de la diffusion du film *Black Hawk Down*. Des images atroces y sont intégrées, mais scénarisées, sonorisées, mises en scène, revues avec toute la science d'Hollywood, intégrant de vrais bons, souvent blancs, et de vrais méchants, surtout noirs. Ce film appartient assurément à la catégorie de l'art officiel, en s'intégrant dans une politique de communication de masse qui voit, comme toujours aux heures noires de l'histoire moderne, Hollywood s'associer au discours dominant, avec ses perspectives et son talent propres. Lors de la première de *Black Hawk Down*, une conversation « impromptue » fut organisée entre le vice-président Dick Cheney et le secrétaire à la Défense

Donald Rumsfeld, qui avait offert l'appui des armées américaines aux producteurs du film.

De même, en 2002, la projection privée à la Maison-Blanche du film *The Sum of All Fears* a été largement médiatisée ; ce film relate la menace que fait peser une bombe radiologique sur le gouvernement américain rassemblé pour assister au Super Bowl, et constitue la « publicité ultime pour la politique du *Homeland Security* [15] ». Les œuvres de fiction, surtout quand elles font appel à des moyens aussi technologiques que le cinéma, reflètent par définition les préoccupations de l'heure. Celles que produit Hollywood en ces temps de guerre contre le terrorisme viennent rappeler que la propagande est la compagne névrosée de l'information honnête, à défaut d'être objective.

Rien de très étonnant, ni de secret dans ce scénario : deux mois après les attentats du 11 septembre, le principal conseiller de George W. Bush pour les affaires intérieures, Karl Rove, prit l'avion pour la côte ouest afin d'aller conférer avec toutes les grosses têtes d'Hollywood au Peninsula Hotel de Beverly Hills, et examiner dans quelle mesure l'industrie du cinéma pourrait s'engager dans la guerre contre le terrorisme, exactement comme elle l'avait fait soixante ans plus tôt dans la guerre contre les puissances de l'Axe. Les temps ne sont plus ce qu'ils étaient, sans aucun doute, et le cinéma a perdu l'influence qui était la sienne durant la Seconde Guerre mondiale, lorsqu'il était le seul vrai média visuel de masse. Mais les choses sont claires : la presse écrite et télévisée sera priée de ne montrer aucune image déplaisante et, autant que faire se peut, la réalité ne sera plus présentée au peuple qu'à travers le prisme sympathique de la mise en scène conforme aux impératifs du modèle impérial américain.

On ne peut donc que souscrire à l'opinion de l'universitaire Lynda Boose, qui écrivait en 1993 à propos de la guerre du Golfe : « En mettant en pratique ses désirs au cours d'une

---

15. Jim HOBERMAN, « The art of war. How Hollywood learned to stop worrying and love the bomb », *The Village Voice*, 19 juin 2002.

guerre à grande échelle, ce que l'Amérique a produit et télé-
visé pour l'admiration du monde fut, ironiquement, une pein-
ture parfaitement adéquate de la masculinité américaine
esquissée dans la seconde moitié du XXᵉ siècle : l'image de
garçons espiègles tuant pour le sport [16]. »

Une presse univoque, ou presque

Depuis la fin 2001, l'un des problèmes majeurs de la période
de crise associée à l'annonce d'opérations militaires contre
l'Irak réside dans l'unanimisme nationaliste de la presse américaine. Contrairement à ce qu'on pourrait attendre d'une corporation aussi prompte à donner des leçons de déontologie au
monde entier, elle n'a cherché que marginalement à contreba-
lancer les points de vue officiels, offrant des tribunes perma-
nentes aux tenants de la ligne la plus dure.

Au cours de cette période, tout à sa course aux informations,
la presse américaine ne porte pas de critique sur le discours
gouvernemental, compilant et recompilant sans cesse les
mêmes informations concernant l'Irak, venant des mêmes
sources qui travaillent, elles, en cohérence. Il n'est guère étonnant dans ces conditions que les cabinets de relations publiques
recrutés pour rendre la guerre acceptable par l'opinion
publique américaine ne changent pas de son de cloche : les
arguments irakiens sont invariablement rejetés, tandis que ceux
du gouvernement américain, du Pentagone ou de n'importe
quelle autre source allant dans leur sens sont pris au pied de la
lettre. Et les journalistes de presse écrite et de télévision qui
répercutent ces discours unanimes et formatés oublient que
depuis les guerres puniques, et même avant, les adversaires
sont invariablement des salauds, leurs chefs sans scrupule
martyrisant leur population écrasée, construisant des armes

---

16. Lynda E. BOOSE, « Techno-Muscularity and the "Boy Eternal" : from the quag-
mire to the Gulf », *in Gendering War Talk*, Princeton University Press, Princeton,
1993, p. 100.

interdites, trichant à qui mieux mieux, etc. Vieilles ficelles, qui, utilisées avec science et appliquées avec un professionnalisme exemplaire, ont permis aux armées américaines de maîtriser complètement l'information, remplacée par de la propagande, dans tous les conflits de la fin du XXᵉ siècle, de la guerre du Golfe au Kosovo [17]...

Dans cette foulée, il n'est pas très surprenant de constater que, tout au long de l'année 2002, le groupe de pression le plus actif et le plus belliciste a été constamment mis en avant à travers des « experts » occupant le terrain médiatique avec une constance et un professionnalisme remarquables. À cet égard, l'« écurie » de l'un des agents médiatiques les plus en vue des États-Unis, Eleana Benador, est particulièrement saisissante [18]. Cette femme née au Pérou, mais ayant vécu la majeure partie de sa vie en Europe, formée pour l'essentiel à Paris et en France, a rassemblé autour d'elle, à partir de son agence de New York,

---

17. Sur ce sujet, on lira avec intérêt Anne MORELLI, *Principes élémentaires de propagande de guerre, utilisables en cas de guerre froide, chaude ou tiède...*, Labor, Bruxelles, 2001.

18. Alexander M. Haig Jr (ancien commandant en chef de l'OTAN, ancien secrétaire d'État) ; James Woolsey (ancien directeur de la CIA) ; Shaykh Kabbani ; Richard Perle (American Entreprise Institute, Defense Policy Board, directeur du *Jerusalem Post*) ; A. M. Rosenthal ; Charles Krauthammer (éditorialiste au *Washington Post*) ; Michael A. Ledeen (American Entreprise Institute ; vice-président de la commission États-Unis/Chine ; *National Review Online*) ; Barry Rubin ; Khidhir Hamza ; Amir Taheri (éditorialiste à *Politique internationale*, collaborateur de *National Review Online*) ; Kanan Makiya (opposant irakien ; université Brandeis, Boston ; auteur de *The Republic of Fear*) ; Frank J. Gaffney Jr (président du Center for Security Policy ; porte-parole de la National Unity Coalition for Israel) ; Richard O. Spertzel ; Hillel Fradkin ; Michael Rubin ; Mushahid Hussain ; Khalid Durœn ; Arnaud de Borchgrave (UPI, *Washington Times*) ; John Eibner ; Richard Pipes ; Laurie Mylroie (animatrice du site <www.iraq.net>) ; Azar Nafisi ; Meyrav Wurmser (directrice du Center for Middle-East Studies de l'Hudson Institute ; éditorialiste au *Jerusalem Post*, Middle East Forum) ; Mansoor Ijaz (Fox News Channel ; président de Crescent Investment Management — partenaires : général James Abrahamson, ancien directeur de la Strategic Defense Initiative, et James Woolsey) ; Martin Kramer (directeur du *Middle East Quarterly* et ancien directeur du Moshe Dayan Center for Middle-Eastern and African Studies à l'université de Tel-Aviv) ; Fereydoun Hoveyda (ancien ambassadeur du chah d'Iran) ; Yehudit Barsky ; George Jonas ; Michel Gurfinkiel (journaliste à *Valeurs actuelles*) ; Walid Phares ; Tashbih Sayyed ; Charles Jacobs ; Stanley H. Kaplan.

une bonne part de ces faucons occupant le terrain médiatique avec une ardeur d'autant plus belliqueuse que la perspective d'une attaque contre l'Irak est devenue plausible.

Ce *who's who* des va-t-en-guerre, dont la liste est fournie par Eleana Benador elle-même, regroupe pour l'essentiel des idéologues gravitant autour de *think tanks* réputés pour leurs positions politiques ultraconservatrices et leur proximité de vues avec la droite israélienne, et avec l'une de ses plus solides convictions : une nouvelle architecture géopolitique au Moyen-Orient passe par l'élimination physique de Saddam Hussein, et l'application des idées israéliennes les plus radicales sur les conflits en cours, dont celui avec les Palestiniens. Ces organes militants hurlent à l'unisson, chassent en meute et tirent tous dans la même direction, qu'il s'agisse de l'American Entreprise Institute [19], du Middle East Media Research Institute [20], du Center for Middle-East Studies de l'Hudson Institute [21], du Middle East Forum [22], du United States Committee for a Free Lebanon [23], du Center for Security Policy [24] et du plus influent d'entre eux, dirigé par l'ancien diplomate Dennis Ross, le Washington Institute for Near East Policy [25].

C'est devant cette dernière institution que le conseiller spécial de George Bush pour les affaires moyen-orientales, sud-asiatiques et nord-africaines, l'Afghan Zalmay Khalilzad, est venu détailler début octobre 2002 les positions de la Maison-Blanche sur la guerre irakienne [26]. Les porte-parole de ces différents *think tanks* occupent l'ensemble du terrain médiatique [27], aussi bien dans la presse écrite que dans les

---

19. <http://www.aei.org>.

20. <http://www.memri.org>.

21. <http://mes.hudson.org>.

22. <http://www.meforum.org>.

23. <http://www.freelebanon.org>.

24. <http://www.centerforsecuritypolicy.org>.

25. <http://www.washingtoninstitute.org>.

26. Zalmay KHALILZAD, « The future of Iraq policy », *Policywatch*, n° 667, 8 octobre 2002.

27. Brian WHITAKER, « US think tanks give lessons in foreign policy », *The Guardian*, 19 août 2002.

médias électroniques, et ils sont tous, sans exception, partisans d'une guerre contre l'Irak. Ils tiennent le haut du pavé, occupent les positions en vue dans les pages éditoriales des grands journaux américains (les néoconservateurs amis de Richard Perle se sont pratiquement vu attribuer un bail emphytéotique au *Wall Street Journal*), cisèlent et fignolent le discours dominant : nationaliste, antieuropéen en général et antifrançais en particulier[28], belliciste, dominateur, et calqué sur les points de vue de la droite israélienne pour ce qui concerne la recherche d'une solution dans la crise du Moyen-Orient.

Soutien populaire... et industriel

Novembre 2002. George Bush a gagné les élections du *midterm* et entre à ce titre dans l'histoire : c'est la première fois qu'un président américain en exercice remporte les élections législatives de mi-mandat. Cette campagne électorale est toujours difficile pour le chef de l'exécutif, qui doit subir les assauts d'électeurs nécessairement un peu déçus — c'est un grand classique en politique — par les premiers mois du pouvoir.

Il est vrai que Bush 43 ne se serait pas trouvé en position de force sans les attentats du 11 septembre, qui ont soudé la population américaine autour de son représentant élu. Dans des conditions exécrables, sans aucun doute ; dans un contexte de magouille électorale que n'auraient renié ni une république bananière ni une démocratie populaire, assurément. Mais quand les temps deviennent durs, l'heure est à l'union sacrée derrière le représentant du peuple. Et de ce point de vue, le consensus s'est fait derrière George W. Bush. Donc, le voilà à la tête de cette majorité parlementaire qui lui faisait défaut. Dès lors que le Sénat est passé à droite, et dispose désormais d'une majorité républicaine, Bush n'a plus de souci à se faire. Non

---

28. Patrice DE BEER, « Le "jour de gloire" de Jacques Chirac », *Le Monde*, 4 novembre 2002.

seulement la représentation parlementaire ne risque pas de contester sa position offensive contre l'Irak, mais ce vote sans ambiguïté lui donne en outre une vraie légitimité en matière de politique étrangère : devant les instances internationales, il peut prétendre, sans risque d'être démenti, que son pouvoir est assis sur une majorité solide et une popularité de 63 %. Ce qui ne sera pas sans conséquence à l'ONU, notamment pour que Bush campe sur une position intransigeante, avant le vote de la résolution 1441 [29], le 8 novembre 2002.

Au tout début de cette première semaine de novembre, commençant triomphalement par le succès électoral et se terminant en apothéose par le vote d'une résolution de l'ONU en forme de chef-d'œuvre de langage diplomatique satisfaisant tout le monde, un petit événement est passé inaperçu : le 4 novembre, un petit groupe de faucons de l'espèce la plus pure, agissant en liaison étroite avec la Maison-Blanche, a annoncé la mise sur pied d'une association destinée à soutenir la politique de Bush, appelée Committee for the Liberation of Iraq (CLI). Objectifs revendiqués : assurer la propagande de l'opération militaire à venir, soutenir Bush dans sa marche à la guerre, convaincre les opinions publiques de l'utilité de ce projet.

Est-il besoin de préciser qu'il n'y a bien entendu aucun Irakien dans cette instance, dont le président, Bruce P. Jackson, présente quelque intérêt, et pas seulement du fait de son appartenance au PNAC (Project for a New American Century) ? Ancien officier de renseignement de l'US Army, ancien de la banque Lehman Brothers, il se trouve être également président d'une autre officine qui eut son heure de gloire à la fin des années 1990, lors de la grande campagne pour l'élargissement de l'OTAN, le US Committee to Expand NATO. Pourquoi cet homme, par ailleurs républicain engagé, est-il à la fois présent dans les deux instances ? Parce qu'en 1999 il a été nommé vice-président et directeur de la stratégie et du développement de la firme Lockheed-Martin, le principal fabricant d'armements au

---

29. Voir annexe, p. 155.

monde, avec 17 milliards de dollars de contrats militaires en 2002.

Son domaine, c'est l'exportation d'armements aéronautiques et spatiaux, et son combat en faveur de l'expansion de l'OTAN vise surtout à vendre du matériel aux nouveaux pays membres. Opération réussie avec la vente de chasseurs F-16 à la Pologne, contre deux concurrents européens, en décembre 2002 ! Sa conviction de la nécessité de voir Saddam Hussein quitter le pouvoir est à n'en point douter une attitude citoyenne, qui se double toutefois d'un intérêt économique majeur, lié au choix de George W. Bush d'utiliser la force pour parvenir à cette fin. Cette guerre promise sera la plus exceptionnelle vitrine imaginable pour les avions [30], les satellites et toutes les armes produites par Lockheed-Martin. Et pour beaucoup de raisons, l'industriel a besoin de cette guerre.

Tout d'abord, l'Europe peine à mettre sur pied son avion de transport futur, et le projet proposé par Airbus, l'A-400M, a le plus grand mal à voir le jour en raison des reculades allemandes. Or, Lockheed-Martin propose une alternative — qui a déjà séduit les Britanniques et les Italiens — avec l'ultime version de son best-seller, le C-130J Hercules. Si une guerre s'engage, et pour peu que les Européens y participent, leur absence d'aviation de transport militaire va se révéler encore plus criante que d'habitude, et Lockheed-Martin sera à même de proposer une solution « sur étagère » pour l'avenir.

Second avantage : le futur fer de lance de l'US Air Force, le F-22 Raptor, destiné à remplacer le F-15 Eagle, fait l'objet de sévères critiques de l'administration américaine en général, et de Donald Rumsfeld en particulier, conseillé en ce sens par l'un de ses plus proches collaborateurs, Stephen A. Cambone, le directeur de l'analyse et de l'évaluation des programmes d'armement. En s'engageant idéologiquement dans le parti de la guerre, Lockheed-Martin espère tirer les marrons du feu et obtenir une attitude plus conciliante de l'exécutif envers cet

---

30. Appareils de transport : C-130 Hercules, C-141 Starlifter, C-5 Galaxy ; avions de combat : F-16 Fighting Falcon, F-117 Night Hawk, F-22 Raptor, F-35 JSF.

avion qui assurerait une bonne partie de son plan de charge pour les... trente ou quarante années qui viennent. Pour le futur F-35 Joint Strike Fighter (remplaçant du F-16 Fighting Falcon et du A-10 Thunderbolt II de l'US Air Force, de l'AV-8B Harrier et du F/A-18 Hornet du Marine Corps, du A-6 Intruder de l'US Navy, des Sea Harrier et GR-7 Tornado des forces armées britanniques, etc.), c'est encore plus net. Lockheed-Martin place sur cet appareil des espoirs démesurés et entend qu'il l'aide à remplacer la quasi-totalité des avions de combat en service dans tous les pays du monde. Pour ce faire, l'appui de l'administration américaine est décisif, à la fois pour qu'elle mette toute sa puissance au service de l'annihilation commerciale de ses concurrents européens — surtout du Rafale français — et pour qu'elle renonce aux réductions de commandes envisagées pour les armées américaines.

Lobbying guerrier

Le Committee for the Liberation of Iraq (CLI) n'a pas le moins du monde dissimulé son programme lors de sa création : utiliser toutes les ressources du *lobbying* et des relations publiques pour organiser des conférences, diffuser des éditoriaux dans les journaux, « informer » les journalistes et, surtout, empêcher que se renouvelle la petite baisse de forme des faucons, qui avaient un moment semblé, en août 2002, laisser battre en brèche leurs arguments par ceux des opposants à la guerre [31].

Les membres de ce groupe ne sont pas des inconnus, ni ne risquent de déplaire à la Maison-Blanche, dès lors qu'ils ont laissé écrire qu'ils rapportent à Condoleezza Rice et à son adjoint Stephen Hadley : George P. Schultz fut le secrétaire d'État de Ronald Reagan ; le sénateur John McCain, naguère adversaire de Bush dans les primaires républicaines, s'est

---

31. Peter SLEVIN, « New group aims to drum up backing for ousting Hussein », *The Washington Post*, 4 novembre 2002.

aligné depuis sur ses positions « irakiennes » ; Bob Kerrey, tout ancien sénateur démocrate qu'il puisse être, se révèle va-t-en-guerre patenté [32] et très à sa place au côté de ces tenants de la manière forte. On n'en attend pas moins des autres membres du groupe, dont Newt Gingrich, l'ancien *speaker* républicain de la Chambre des représentants, également membre du Defense Policy Board, du général d'aviation Buster Glosson, ou surtout de son collègue de l'US Army Wayne Downing, qui fut l'adjoint de Condoleezza Rice au National Security Council, chargé de la lutte antiterroriste.

Nommé au National Security Council en octobre 2001, dans la foulée des attentats, Wayne Downing est connu pour ses activités de lobbyiste en faveur du Congrès national irakien d'Ahmed Chalabi, l'une des factions anti-Saddam Hussein. Il avait démissionné en juin 2002 de son poste à la Maison-Blanche, afin de protester contre les options retenues par le Pentagone pour préparer une attaque contre l'Irak. Le général, auteur d'un projet connu comme le « plan Downing », entendait que celle-ci soit conduite comme l'avait été celle contre l'Afghanistan, avec des opérations menées conjointement par des troupes légèrement armées appartenant aux forces spéciales, les partis d'opposition à Saddam Hussein, et des bombardiers en grand nombre. Au total, 60 000 hommes auraient été nécessaires. Il s'opposait en cela au général Tommy Franks, chargé de préparer cette guerre, qui envisageait une formule conforme à la « doctrine Powell », plus classique, exigeant l'envoi dans la région de plus de 200 000 hommes.

La stratégie induite par le plan Downing était également celle prônée par un expert influent au parti républicain, Randy Scheunemann, que l'on retrouve naturellement au CLI, au poste stratégique de directeur exécutif. Il avait été le spécialiste des affaires de sécurité nationale de John McCain durant sa brève campagne, après avoir été, à partir des années Reagan,

---

32. Bob KERREY, « Finish the war. Liberate Iraq », *The Wall Street Journal*, 9 septembre 2002.

l'un des plus influents *staffers* républicains sur ces mêmes sujets au Sénat, où il conseilla successivement Bob Dole et Trent Lott [33]. Lui aussi très proche du Congrès national irakien, Scheunemann avait mis au point en 1998 l'*Iraq Liberation Act*, un texte législatif accordant au groupe d'Ahmed Chalabi une subvention de 98 millions de dollars, qui ne furent que partiellement versés par l'administration Clinton en raison des objections formelles de la CIA, du Pentagone et du département d'État [34]. Autant d'opposants puissants, vraiment... Il n'empêche que les sponsors washingtoniens de Chalabi & Co ne sont pas des enfants de chœur.

En 1991, ils avaient déjà fondé le Committee for Peace and Security in the Gulf (CPSG) et, sept ans plus tard, ils écrivaient à Bill Clinton une longue lettre dans laquelle ils développaient tous les arguments repris depuis par George W. Bush. Ils réclamaient notamment que les États-Unis reconnaissent au Congrès national irakien le statut de gouvernement en exil, auquel seraient versés les fonds irakiens gelés dans les banques américaines et britanniques, soit 1,6 milliard de dollars. Demandant en outre une « campagne aérienne systématique contre les piliers du pouvoir » irakien, ils n'obtiendront pas gain de cause du temps de Bill Clinton. Ils n'allaient pas se laisser abattre pour autant...

Quelques années plus tard, ils sont aux affaires et les Richard Perle, Paul Wolfowitz et autre Donald Rumsfeld, tous signataires de la lettre de 1998, mettent en vigueur la politique qu'ils défendaient sans vaciller depuis des années. Avant même que les attentats du 11 septembre se produisent et que ces néoconservateurs en prennent prétexte pour déclencher une guerre contre l'Irak, ils avaient entrepris de mettre leurs idées en pratique : Donald Rumsfeld avaient tenté dès son arrivée au Pentagone en janvier 2001 de mettre sur pied un bureau

---

33. Pressenti pour prendre la présidence du groupe républicain au Sénat, Trent Lott s'est finalement vu contraint de décliner cette offre en décembre 2002, après avoir tenu des propos favorables à la politique de ségrégation raciale.

34. Jim LOBE, « Committee for the liberation of Iraq sets up shop », *Foreign Policy in Focus Policy Report*, novembre 2002.

spécialisé dans la coordination des aides aux groupes d'opposition irakiens, qu'il entendait confier à Randy Scheunemann. Le
projet ne se concrétisa pas, en raison des hurlements du département d'État, mais Scheunemann peut désormais travailler
dans le même sens, et pour les mêmes patrons…

6

Les faucons contre la CIA

Ne nous y trompons pas : les actuels faucons ne sont pas nés par génération spontanée. Ils s'inscrivent dans une tradition solidement ancrée dans un conservatisme manichéen, et sont les héritiers d'équipes ardentes qui jouèrent un rôle considérable durant la Guerre froide. Celle-ci, on le sait, fut gagnée par les États-Unis grâce à un faisceau de facteurs, dont le moindre n'est pas la course effrénée aux armements menée par ce pays, qui aboutit dans une forme d'apothéose avec l'Initiative de défense stratégique (la fameuse « Guerre des étoiles ») lancée par le président Ronald Reagan en 1983.

Guerre à la CIA, ou le retour du *Team B*

Les mentors des idéologues d'aujourd'hui, ceux qui mettent la pression sur un Saddam Hussein dont ils feignent de croire qu'il fait régner sur le monde une menace comparable à celle de l'URSS au temps de sa noire splendeur, s'étaient réunis dès les années 1950 dans un groupe un peu oublié aujourd'hui, le CPD (Committee on the Present Danger), relancé en 1976 par le démocrate Eugene Rostow. Démocrate ? Mais oui, dans la ligne très antisoviétique, très anticommuniste du sénateur Henry « Scoop » Jackson, fondateur de la Coalition for a

Democratic Majority destinée à combattre les tendances du parti démocrate opposées à la guerre du Viêt-nam, et père en politique de son principal collaborateur sur les affaires militaires et stratégiques qui le passionnaient, Richard Perle. Mais aussi de Paul Wolfowitz et Douglas Feith, ou encore d'Eliott Abrams. Tous étaient alors des démocrates antisoviétiques, et sont devenus dès cette époque des spécialistes de la stratégie nucléaire et du contrôle des armements — comme leur maître à penser, ils dépensaient une énergie considérable à combattre au Sénat les possibles accords de désarmement avec Moscou.

Lorsque Eugene Rostow relança le CPD en 1976, cet avocat et professeur de droit de Harvard (décédé le 25 novembre 2002) entendait rassembler tout ce que la place de Washington comptait d'anticommunistes viscéraux et de critiques virulents de la politique de « détente » de Richard Nixon et de son secrétaire d'État Henry Kissinger. Son groupe se donna alors pour mission de pousser les Russes à consacrer de telles dépenses à leur outil militaire que leur société et leur système politique, même dictatorial, ne pourraient y résister. Bien vu ! Ronald Reagan, qui avait participé à la première réunion du CPD, engagea dès sa prise de fonction en janvier 1981 trente-deux de ses membres dans son administration, dont William Casey (directeur de la CIA), Richard Allen, conseiller pour les affaires de sécurité nationale, Jeane Kirkpatrick, ambassadrice à l'ONU, et — coucou ! — Richard Perle, sous-secrétaire à la Défense [1]. Quant à Rostow le démocrate, ancien des administrations Kennedy et Johnson et terrible va-t-en-guerre des années Viêt-nam, il devint l'archétype des néoconservateurs et le premier responsable de la politique de contrôle des armements des années Reagan.

Mais pourquoi donc évoquer aujourd'hui le Committee on Present Danger, que l'on pourrait imaginer relégué dans l'arrière-boutique des antiquités de la Guerre froide ? Tout simplement parce qu'il a mis en vigueur dans son combat

---

1. Ann HESSING CAHN, *Killing Detente. The Right Attacks the CIA*, Pennsylvania State University Press, University Park, PA, 1998, p. 30.

contre l'URSS vacillante des méthodes qui trouvent aujourd'hui, contre l'Irak, un regain de vigueur. Retour en arrière. Une fois Nixon viré comme un laquais en août 1974, vient, en 1975, la présidence de Gerald Ford, l'homme qui tombe chaque fois qu'il descend d'un avion et qui a du mal, disent les mauvaises langues, à faire deux choses en même temps (par exemple, marcher et mâcher du chewing-gum). Passés Nixon et ce qu'ils voient comme ses absurdes prétentions à une diminution des tensions avec l'URSS, les faucons désirent ardemment aller à la confrontation, politique et idéologique et non point directement militaire, avec Moscou.

Le problème, c'est qu'il leur faut, pour parvenir à ces fins, obtenir que la CIA et les « réalistes » de l'appareil d'État, qui connaissaient depuis longtemps la déliquescence intrinsèque d'un système communiste ossifié, taisent leurs évaluations par trop favorables à la vérité : l'écrasante supériorité stratégique américaine par rapport à l'Armée soviétique. Le combat bureaucratique va se dérouler autour de l'instance conseillant le président sur les affaires de renseignement, le PFIAB (President Foreign Intelligence Advisory Board), et se concentrer en particulier sur un document, le NIE 11-3/8-74 [2], quarante-trois pages d'évaluations secrètes sur la puissance militaire soviétique concluant (logiquement) qu'il était très peu probable que Moscou se risque à lancer contre les États-Unis une attaque nucléaire préventive [3]. Une information qui confirmait la pertinence de la politique de détente nixonienne, mais qui ne convenait pas du tout aux faucons, lesquels souhaitaient des budgets militaires plus élevés, et surtout l'abandon de la politique de détente.

À partir de cette polémique entre, d'une part, la CIA et son directeur de l'époque William Colby et, de l'autre, les néoconservateurs représentés par George Anderson, le président du PFIAB, une idée saugrenue voit le jour : faire évaluer la

---

2. *Soviet Forces for Intercontinental Conflict Through 1985*, Central Intelligence Agency, 14 novembre 1974.
3. Ann HESSING CAHN, *Killing Detente, op. cit.*, p. 115-117.

production du service de renseignement par un groupe exté-rieur « indépendant », composé de tenants de la ligne dure. Le président Gerald Ford acquiesce et une équipe est effective-ment créée en octobre 1975, le *Team B*, qui va désormais contester avec vigueur les documents, informations et analyses de la communauté du renseignement en général et de la CIA en particulier, qui va devenir pour l'occasion le *Team A* — la confrontation entre les deux ouvrant la voie à la première analyse « compétitive » de l'histoire mondiale du renseignement !

Le *Team B* voit le jour quelques jours avant que certaines de nos connaissances d'aujourd'hui prennent le pouvoir sur l'administration Ford le 3 novembre 1975, au cours du « massacre d'Halloween ». Ils ont pour nom George H. W. Bush — il remplace Colby à la CIA —, Donald Rumsfeld — il devient secrétaire à la Défense pour la première fois —, Dick Cheney — il devient chef de cabinet à la Maison-Blanche — et Brent Scowcroft, qui remplace Henry Kissinger au poste de *National Security Adviser*.

Dès lors, le *Team B* va accroître la pression, reprendre pour les contester vigoureusement et les revoir — à la hausse et en dramatisant les enjeux — toutes les évaluations produites depuis des années par la CIA sur la menace militaire sovié-tique, missile par missile, sous-marin par sous-marin, bombar-dier par bombardier, rouble par rouble, sous la férule idéolo-gique de deux hommes convaincus de la perversion fondamentale du régime soviétique : le physicien Edward Teller[4], l'un des pères de la bombe atomique, et l'écrivain russe Alexandre Soljenitsyne[5]. Les membres de cette équipe (qui va contredire les analyses de la CIA dans plusieurs rapports) ne sont qu'une dizaine, mais on relève parmi eux, outre des patro-nymes connus dans le monde politique de cette époque (comme

4. *Ibid.*, p. 104-105.
5. *Ibid.*, p. 32-33.

Paul Nitze [6] ou Richard Pipes), ceux de jeunes hommes aux dents longues, dont l'un, Paul Wolfowitz, alors expert pour les négociations sur le contrôle des armements stratégiques à l'ACDA (Arms Control and Disarmament Agency), cosignera fin 1976 le rapport du *Team B* sur les objectifs stratégiques de l'URSS [7].

Ben Laden à la rescousse

Pourquoi est-il opportun, vingt-sept ans plus tard, de revenir sur le *Team B*, qui vit ses espoirs se réaliser avec l'arrivée de Ronald Reagan au pouvoir et le lancement de l'« Initiative de défense stratégique » ? Parce que la méthode est reproduite pratiquement à l'identique avec l'Irak, par les mêmes hommes et dans un contexte politique sensiblement similaire. Ce que les Richard Perle, Paul Wolfowitz, Donald Rumsfeld ont réussi avec le Committee on Present Danger et le *Team B* au tournant des années 1970, ils vont le rééditer avec l'Irak : aux mêmes maux, les mêmes remèdes…

Qui ont-ils dans le collimateur ? Toujours les mêmes, ceux qu'ils voient comme les « nuls » de la CIA. Dans ces cercles des *neocons* washingtoniens, il est toujours d'aussi bon ton aujourd'hui que naguère de dénigrer le grand service de renseignement basé à Langley, en Virginie. Évidemment, après la faillite du 11 septembre 2001, l'exercice manque d'originalité, tant sont nombreux ceux qui s'y livrent. Mais nos faucons ne manquent pas de donner eux aussi des coups de bec. Moins sur les échecs successifs de la communauté américaine du renseignement, qui n'a pas su empêcher les attentats du

---

6. Ancien secrétaire d'État adjoint, Paul Nitze est l'auteur fameux de l'un des documents fondateurs de la Guerre froide, le *National Security Council Document sixty-eight* (NSC-68), écrit en janvier 1950, quelques mois après l'explosion de la première bombe nucléaire soviétique en août 1949.

7. Ann HESSING CAHN, *Killing Detente*, *op. cit.*, p. 169.

11 septembre [8], que sur ses évaluations considérées comme fallacieuses sur la situation de l'Irak.

Chez certains faucons, on frise même l'idée fixe et Richard Perle est de ceux qui combattent la politique irakienne de la CIA avec une constance indéniable, y compris quand elle cherche — apparemment sans succès — à recruter dans les cercles dirigeants de Saddam Hussein. Certains membres de la haute hiérarchie baasiste, rappelons-le, avaient été en contact fréquent au début des années 1980, durant la guerre Iran-Irak, avec les services de renseignement américains : aux yeux des États-Unis, les ennemis de l'heure étaient la Syrie et l'Iran, et Ronald Reagan avait pris fait et cause dans ce conflit pour Bagdad.

C'est en se fondant sur ces relations anciennes que la CIA avait cru pouvoir considérer que le maintien de contacts clandestins avec des membres de l'entourage de Saddam Hussein pourrait porter des fruits. Mais Perle conteste que cette attitude de la CIA ait eu un sens : « Il n'y a jamais eu de relations Irak-États-Unis autres que celles étroitement contrôlées par Saddam. Il en faisait son affaire personnelle, et les principaux postes militaires étaient occupés par des officiers qui le comprenaient. Tous les contacts avec les Américains étaient contrôlés pour servir ses desseins. Ces relations, y compris celles qui servaient à préparer des coups d'État, ont été organisées par Saddam pour satisfaire *ses* objectifs. Mise hors course de manière répétée, la CIA est allée d'erreur en erreur dans son vain effort pour recruter à l'intérieur de l'élite de Bagdad les comploteurs qui jetteraient Saddam à terre [9]. »

Les carottes sont cuites ! Pour Perle, mais aussi Rumsfeld, Wolfowitz ou Cheney et tant d'autres, la CIA est purement et simplement incompétente sur l'Irak, et ses analyses ne comptent pas. Elles ont beau être conformes à ce que lui demande la

---

8. Sur ce point, ou pourra se référer à Jean GUISNEL, *La Citadelle endormie, op. cit.* Voir aussi Bill GERTZ, *Breackdown. How America's Intelligence Failures Led to September 11*, Regnery Publishing, Washington, 2002.

9. Richard PERLE, « Irak : Saddam unbound », *in* Robert KAGAN et William KRISTOL, *Present Dangers, op. cit.*, p. 103.

Maison-Blanche sur les armes nucléaires, biologiques et chimiques irakiennes, ce n'est pas assez. Car les faucons savent bien que, sur ce terrain-là, tout comme les inspecteurs dépêchés par l'ONU dans le cadre de la résolution 1441, ils auront du mal à démontrer l'indémontrable.

En revanche, l'idée selon laquelle Oussama Ben Laden, son réseau Al-Qaïda et Saddam Hussein sont liés et « travaillent » ensemble pourrait constituer un bon prétexte à la guerre, à condition d'être assortie de preuves convaincantes, c'est-à-dire présentables à l'opinion publique américaine et aux dirigeants étrangers. Ce qui paraît pour le moins sujet à caution, sinon complètement farfelu. Mais qu'importe, pour des faucons décidés à en découdre, fût-ce au prix du mensonge...

La question de la conformité des « productions » des services de renseignement avec les attentes des politiques n'est pas une nouveauté. Dans le monde entier, tous les services ont été confrontés à ces difficultés, à ces exigences politiciennes voulant qu'un renseignement ne soit valable que s'il vient conforter ce que pensent les dirigeants auxquels il est destiné. Tous les régimes, toutes les époques, tous les services secrets ont connu ce type de difficulté, et Richard Pipes, l'un des animateurs du *Team B* en 1976, a théorisé cette allégeance, en reprochant à mots couverts à la CIA d'avoir délibérément choisi de n'imprimer que ce que lui commandaient Richard Nixon et Henry Kissinger ; ce qui justifiait *ipso facto* une analyse critique, celle que produira le *Team B* : « Idéalement, une analyse des services de renseignement ne devrait pas prendre en considération les exigences politiques : ce qui revient à dire qu'elle devrait parvenir à des conclusions qui ne tiennent compte ni des usages qu'on en fera, ni de leur utilisation dans des querelles politiciennes. Pratiquement, cet idéal est rarement atteint. Le vrai objectif du renseignement, c'est de fournir les hommes d'État en informations objectives leur permettant d'asseoir leurs choix, car les décideurs ne sont pas des observateurs désengagés, mais des hommes d'action aux impératifs propres. Si la réalité se heurte à leurs souhaits, ce sont ces derniers qui l'emportent. Ils accueillent favorablement le renseignement qui consolide leur point de vue et ignorent le reste ; ou, bien pire, ils exercent des pressions sur la communauté du renseignement, pour la convaincre de produire des estimations plus adaptées à leurs souhaits [10]. »

Mais que faisaient Donald Rumsfeld et ses acolytes, en désaccord avec la CIA en 2002 ? Exactement ce que reprochait leur ami Richard Pipes aux politiciens de 1976. La CIA ne voit pas Saddam Hussein sous un jour aussi noir qu'eux ? Qu'à cela ne tienne… L'histoire mérite d'être contée !

Al-Qaïda en Irak ?

La volonté des faucons d'en découdre avec Saddam Hussein remonte aux premiers jours suivant les attentats du 11 septembre, Paul Wolfowitz ouvrant immédiatement le bal. Le problème, c'est que, à cette époque comme aujourd'hui, les preuves manquent de la collusion entre Saddam Hussein et Al-Qaïda. Au fil des mois, toutes les assertions avancées de manière plus ou moins sérieuse lors de fuites en direction des journaux se sont successivement effondrées. Notamment la prétendue rencontre d'avril 2001 à Prague — dont toute la presse internationale a fait des gorges chaudes durant des mois — entre le chef des pirates de l'air du 11 septembre, Mohammed Atta, et un diplomate irakien présenté comme un officier des services de renseignement de Bagdad, Ahmad Khalil Ibrahim Samir al-Ali.

En réalité, la CIA a toujours mis en doute cette hypothétique rencontre, dont un seul informateur de la communauté arabe de Prague avait rendu compte aux services de sécurité tchèques *après* les attentats du 11 septembre. De plus, le président tchèque Vaclav Havel a fait savoir aux Américains qu'ils ne devraient pas tenir compte de cette réunion, dont la réalité est

---

10. Richard PIPES, « What to do about the CIA », *Commentary*, vol. 9, n° 3, mars 1995.

sujette à caution [11]. Bref, les « évidences à l'épreuve des balles » qu'évoque Donald Rumsfeld à propos des liens Saddam Hussein/Oussama Ben Laden ont pour le moins du plomb dans l'aile, même si le secrétaire à la Défense prétend le 27 septembre 2002 : « Nous avons des preuves solides de la présence en Irak de membres d'Al-Qaïda, y compris à Bagdad. Nous avons reçu des rapports, que nous considérons comme très sérieux, des contacts à haut niveau depuis dix ans et de possibles entraînements à l'usage d'armes chimiques et biologiques [12]. »

Des preuves ? Quelles preuves ? Début 2003, personne ne les connaît, et ce n'est pas l'enquête kilométrique du *New Yorker*, publiée au printemps 2002, qui renforce cette thèse [13]... Son argumentation ? La présence, dans le territoire irakien contrôlé par les Kurdes, d'un groupe qualifié de « terroriste », Ansar Al Islam. Composé de cent cinquante « Arabes » venus d'Afghanistan après l'éviction des talibans, auxquels se seraient agglomérés une centaine de Kurdes iraniens, peut-être avec la bénédiction de Téhéran. La réalité de cette présence est affirmée par les Kurdes, et notamment par Jalal Talabani, le chef de l'Union patriotique du Kurdistan (UPK). Réfugiés dans les montagnes kurdes, ces militants radicaux sont mal connus, et surtout introuvables. Massoud Barzani, le chef du PDK (Parti démocratique du Kurdistan), se dit quant à lui absolument convaincu de leur dangerosité, et aussi du fait qu'Abu Massab Al-Zerwaki, présenté comme un lieutenant d'Oussama Ben Laden, a rejoint ce groupe *via* Bagdad et la Jordanie [14]. Le soutien de Saddam Hussein à cette organisation ne fait aucun doute pour le chef de l'UPK. Sans doute. Mais si cette éventualité est la seule « preuve » dont dispose Washington pour déclencher une guerre, le prétexte est bien léger...

---

11. James RISEN, « Prague discounts an Iraqi meeting », *The New York Times*, 21 octobre 2002.

12. Eric SCHMITT, « Rumsfeld says US have "bulletproof" evidence of Iraq's links to Al Qaeda », *The New York Times*, 28 septembre 2002.

13. Jeffrey GOLDBERG, « The great terror », *The New Yorker*, 25 mars 2002.

14. *Gulf News*, 3 février 2003.

Au grand dam des faucons, George Tenet, le directeur de la CIA, ne pousse pas à la roue pour accréditer la thèse d'un Saddam Hussein terroriste [15]. En tout cas, pas dans la période suivant le 11 septembre. La CIA veut bien admettre que Saddam Hussein aide des réseaux palestiniens, entre autres en subventionnant les familles de kamikazes commettant des attentats en Israël ; mais elle ajoute que les liens avec le terrorisme islamique international sont pour le moins sujets à caution.

L'une des bases sur lesquelles se repose l'exécutif américain pour s'en prendre à Saddam Hussein n'est autre que l'existence de liens entre lui et Oussama Ben Laden. Une théorie assez répandue chez les faucons veut ainsi que l'Irak soit « derrière » le premier attentat contre le World Trade Center le 26 février 1993 ; et qu'il n'y a dès lors aucune raison pour que Bagdad ne se trouve pas aussi derrière les attentats du 11 septembre. Cette idée est développée par Laurie Mylroie, éditrice de la lettre d'information *Iraq News* : elle pense que Youssef Ramzi, l'organisateur pakistanais de l'attentat de 1993, est en réalité un agent irakien.

Cette incroyable histoire, qui a séduit des hommes comme Paul Wolfowitz, Richard Perle ou l'ancien patron de la CIA James Woolsey, concerne un terroriste, Youssef Ramzi, dont les liens avec Oussama Ben Laden ne font guère de doute. Lorsqu'il quitte les États-Unis après son attentat, c'est pour se rendre aux Philippines, où il monte l'ahurissante « opération Bojinka », qui projette de détruire simultanément une douzaine d'avions commerciaux au-dessus du Pacifique, alors qu'ils volent vers les grands aéroports américains. Une malencontreuse explosion dans un appartement de Manille mettra fin à cette opération. Mais l'intéressant dans cette affaire n'est autre

15. Bill KELLER, « The sunshine warrior », *The New York Times*, 22 septembre 2002.

que l'association entre Youssef Ramzi et Wali Kahn Amin Shah, dont les liens avec Oussama Ben Laden sont acquis [16].

Cette relation, au moins par personne interposée, entre Youssef Ramzi et Oussama Ben Laden n'intéresse paradoxalement que fort peu Laurie Mylroie ; elle n'est même pas loin de penser que ceci n'a guère d'intérêt, car à ses yeux l'auteur de l'attentat de 1993 n'est pas celui que l'on croit généralement. Il faut suivre son raisonnement, détaillé en 2000 dans un livre retentissant [17], pour comprendre que Youssef Ramzi n'est pas Youssef Ramzi. Élément sur lequel, d'ailleurs, la justice et les services de renseignement américains sont d'accord, puisque lors du procès Ramzi, le procureur lui-même a admis que cette identité est vraisemblablement fausse ; selon cet officiel américain, elle dissimulerait en réalité celle d'un Koweïtien d'origine pakistanaise, Abdul Basit.

Or, là où les choses se compliquent, c'est que, selon Mylroie, Basit n'existe pas davantage que Youssef. Car tous les papiers officiels de Basit auraient été falsifiés au Koweït durant l'occupation irakienne. Suivez bien le raisonnement : l'Irak a entraîné et formé Youssef, l'a doté d'une identité prise à un homme sans doute liquidé avec toute sa famille, Abdul Basit. Lequel était à la fois beaucoup plus jeune et beaucoup plus petit que Youssef ! Mylroie et James Woolsey demandent avec beaucoup de vigueur — mais à ce jour sans succès — que les empreintes digitales de Youssef, détenu aux États-Unis dans une prison fédérale pour y purger sa peine de réclusion à perpétuité, soient comparées avec celles d'Abdul Basit, enregistrées en Grande-Bretagne quand il était étudiant.

Tout cela signifie-t-il que Saddam Hussein a partie liée — serait en fait le commanditaire ! — avec les attentats du

---

16. Simon REEVE, *The New Jackals. Ramzi Youssef, Osama Bin Laden and the Future of Terrorism*, Northeast University Press, Boston, 1999, p. 48-50. Voir aussi Peter L. BERGEN, *Holy War, Inc. Inside the Secret World of Osama Bin Laden*, Free Press, New York, 2001 ; et Yossef BODANSKY, *Bin Laden, the Man who Declared War on America*, Random House, New York, 2002.
17. Laurie MYLROIE, *Study of Revenge. Saddam Hussein's Unfinished War Against America*, The American Enterprise Institute, Washington, 2000.

11 septembre ? Rien n'est moins sûr, et cette thèse est très contestée par ceux qui, aux États-Unis mêmes, louent la rigueur de l'enquête de Mylroie tout en affichant leur scepticisme quant au lien qu'elle en tire avec Saddam Hussein.

« La CIA se trouve en territoire ennemi »

Le problème, c'est que personne ne semble croire sérieusement aux relations directes entre Saddam Hussein et Oussama Ben Laden, à tel point que chacune de ces assertions a pu être réfutée avec des attendus assez convaincants. La CIA se disait persuadée au début de 2002 que le dernier acte terroriste auquel ait été mêlé l'Irak concernait la tentative d'assassinat projetée contre l'ex-président George H. W. Bush durant sa visite au Koweït en 1993 [18].

Outre les constructions de Laurie Mylroie, dont nous avons vu qu'elles ne convainquent pas les spécialistes, le seul élément venu apporter de l'eau au moulin des tenants de l'implication de Saddam Hussein dans les attentats du 11 septembre n'est autre que cette prétendue visite que Mohammed Atta aurait rendue à Prague à un officier de bas niveau du renseignement irakien. C'est bien peu…

En réalité, George Tenet se contente de faire part de ses doutes quand il écrit en octobre 2002, sur commande du Congrès qui accuse son agence de dissimuler des preuves des liens entre Al-Qaïda et l'Irak : « Notre compréhension de la relation entre l'Irak et Al-Qaïda repose sur des sources de qualité variable. » Traduction : nos tuyaux sont crevés… Sans nier que des liens puissent exister entre les terroristes et Saddam Hussein, il n'en conclut pas moins que leurs finalités sont différentes, et que l'Irak ne se résoudrait à tenter une attaque contre le sol américain que dans des circonstances bien précises : « À la condition que Saddam considère qu'il ne

---

18. James RISEN, « Terror acts by Bagdhad have waned, US aides Say », *The New York Times*, 6 février 2002.

pourrait plus dissuader les Américains de conduire une attaque contre lui, il pourrait alors se révéler moins réticent au recours à des actions terroristes [19]. » Ce qui revient à dire que Saddam Hussein ne représente pas un réel danger terroriste, à moins que les États-Unis l'attaquent. George Tenet enfonce même le clou : « Les hommes politiques, les membres du Congrès et les autres sont libres de nous demander de défendre nos assertions, et de nous poser de rudes et difficiles questions. C'est sain. Mais l'idée selon laquelle nous adapterions nos productions pour plaire à l'un quelconque de nos destinataires est simplement fausse, et intolérable au regard de notre éthique [20]. »

Ce n'est peut-être pas une déclaration de guerre bureaucratique de la CIA contre le Pentagone et son chef, mais cela y ressemble fort ! Et c'est exactement de cette façon que Rumsfeld le prend... Il ne faudra pas deux semaines pour qu'une fuite opportune en direction du *New York Times* informe les Américains que le secrétaire à la Défense, adepte des vieilles recettes, a réédité la formule du *Team B*, un quart de siècle plus tard [21]. En fait, cette petite équipe d'une demi-douzaine de durs à cuire, le Policy Counterterrorism Evaluation Group (PCEG), a été mise sur pied au Pentagone peu après le 11 septembre, et confiée à un vrai coriace, encore plus proche d'Israël que tous les autres *neocons* réunis, Douglas J. Feith. C'est lui qui occupe le poste de « sous-secrétaire à la Défense chargé de la politique de défense » dans l'administration Bush fils. Initialement, c'est Richard Perle qui aurait dû prendre cette fonction en 2001, mais il en avait déjà été titulaire. Il a préféré se diriger vers le Defense Policy Board, aux frontières de l'administration, tandis que Douglas Feith fait aussi bien que lui, à l'intérieur...

19. Lettre de George Tenet au sénateur Bob Graham, président de la commission du renseignement, le 7 octobre 2002.

20. Greg MILLER et Bob DROGIN, « CIA feels heat on Iraq data », *The Los Angeles Times*, 11 octobre 2002.

21. Eric SCHMITT et Tom SHANKER, « Pentagon sets up intelligence unit », *The New York Times*, 24 octobre 2002

Son équipe, que dirigerait Abram Shulsky [22], encore un dur, encore un *neocon* sorti l'arme au poing de la cuisse d'Henry « Scoop » Jackson, dispose surtout de moyens informatiques importants, de logiciels qu'on imagine puissants et dotés de fonctions inédites, tels les programmes Genoa et Genoa II lancés par la DARPA (Defense Advanced Research Project Agency), qui n'ont d'intérêt que s'ils sont associés à des accès directs aux bases de données de la CIA et des autres agences de renseignement. L'idée consiste à trouver dans ces masses d'informations les éléments qui auraient échappé aux autres analystes, et d'en tirer si possible des conclusions inverses de celles de la CIA.

À terme, la cacophonie et la pétaudière sont garanties sur facture, mais s'il faut en passer par là pour extirper des prétextes capables de justifier une attaque militaire contre l'Irak, les *neocons* y sont prêts... Un officiel de la défense pouvait ainsi confier au grand quotidien new-yorkais : « La cassure est complète dans la relation entre le ministère de la Défense et la communauté du renseignement, y compris la DIA (Defense Intelligence Agency). Wolfowitz et compagnie refusent de tenir compte de la moindre analyse non conforme à leurs propres conclusions préconçues : à leurs yeux, la CIA se trouve en territoire ennemi [23]. »

22. Robert DREYFUSS, « The Pentagon Muzzles the CIA », *The American Prospect*, 16 décembre 2002.
23. Eric SCHMITT et Tom SHANKER, « Pentagon sets up intelligence unit », *loc. cit.*

7

Pétrole-carotte et sanctions-bâton

Koweït City. Son désert. Ses vents de sable. Ses 50 °C sans la moindre parcelle d'ombre. Ses trafics… Ce jeune homme que nous rencontrons en juin 2001 non loin de l'Arabian Gulf Street, dans un restaurant du front de mer, porte la trentaine élégante selon les critères de la place : djellaba immaculée, keffieh valsant d'une épaule à l'autre au fil de la conversation et anglais parfait. Sa profession ? Négociant en pétrole [1]. Très officiellement, il achète et revend des produits raffinés pour le compte de grosses sociétés. Son problème ? Il vient de perdre 100 000 dollars en trafiquant du brut irakien de contrebande. Sur le sujet, d'ailleurs, il est intarissable…

Son histoire est celle de tous les trafiquants qui pullulent autour du golfe Persique. Le centre du monde, pour les pétroliers. Officiellement, on ne peut acheter du brut irakien qu'à travers la procédure « pétrole contre nourriture » réglementée par l'ONU. Dans les faits… « Rien n'est plus simple que d'acheter du pétrole irakien au marché noir », explique notre interlocuteur. Dans toutes les ambassades irakiennes du monde, un homme est chargé des ventes clandestines à des prix défiant toute concurrence ! « Jamais plus de 7 dollars le baril,

---

1. De nombreux éléments de ce chapitre sont repris d'un reportage de l'auteur : Jean GUISNEL, « Pétrole, le marché noir de Saddam », *Le Point*, 10 août 2001.

qui tombent directement dans la poche de Saddam. Tout le monde y gagne ! Ce *monkey business* est l'affaire la plus rentable que la région ait connue depuis vingt-cinq ans... »

Marché noir, vache à lait de Saddam

Notre homme vient de recourir à la filière iranienne, par laquelle sortent chaque jour plusieurs dizaines de milliers de barils irakiens illégaux, *via* les raffineries de Bandar Khomeiny. Les autorités iraniennes, complices du trafic, mélangent du pétrole irakien au brut local pour en transformer la signature chimique. Elles dotent le tout de faux certificats d'origine iranienne, donc légaux, perçoivent leurs commissions et laissent filer... Des camions-citernes rejoignent par la route des ports discrets, contrôlés par les Gardiens de la révolution, qui perçoivent leur dîme. De là, des « barges » partiront pour traverser le Golfe et rejoindre les émirats de l'autre côté. Notre homme avait tout arrangé : partenaires pour le financement de l'opération, achat d'une barge, puis du pétrole, embauche d'un capitaine véreux pour assurer le transport, et clients sur lesquels il demeure d'une discrétion exemplaire. La seule chose qu'il n'avait pas prévue, c'est que les cerbères de l'US Navy qui contrôlent la zone avec la MIF (Multinational Interception Force) allaient mettre la main sur sa cargaison d'or noir, dont les faux papiers iraniens n'étaient pas tip-top.

Il avait payé d'avance le capitaine philippin en cash, 100 000 dollars. Ses partenaires avaient, eux aussi, mis au pot. Tout le monde a perdu, mais on est dans le Golfe : seul le Philippin est allé en prison avant de rentrer chez lui, fortune faite. Et le malheur des uns faisant le bonheur des autres, c'est une « autorité » mal définie qui a revendu pour son compte la cargaison saisie. Notre trafiquant n'est pas découragé pour autant. Il est prêt à recommencer : « Mon erreur a été de traverser le Golfe pour aller à Dubaï en passant par les eaux internationales. La prochaine fois, ma barge filera jusqu'au golfe d'Oman par les eaux territoriales iraniennes, et on ira droit de l'autre côté. Là, ça devrait marcher ! »

À côté des embrouilles de la filière iranienne, la filière syrienne ressemble à une autoroute. Depuis novembre 2000, l'Irak a repris ses livraisons de pétrole à la Syrie, *via* un oléoduc de 835 kilomètres ouvert en 1953, qui est resté fermé durant dix-huit ans. Partant des champs pétrolifères de Kirkouk, au nord du pays — une mer de pétrole découverte en 1927 —, il atteint le port syrien de Banias, sur la Méditerranée. 150 000 barils de pétrole échapperaient ainsi quotidiennement à la surveillance de l'ONU, la contrebande alimentant directement la cassette personnelle de Saddam Hussein. « On est dans la zone grise, admet Pierre Terzian, directeur de la revue de *Pétrostratégies*. On ne peut pas vraiment parler de contrebande à ce niveau. En réalité, ces ventes sont "tolérées". » Sauf qu'elles alimentent aussi tous les trafics.

Ainsi, la Syrie paie le brut irakien moins de la moitié du tarif standard, soit, selon certaines évaluations, à moins de 13 dollars le baril. Bien sûr, tout cela est contraire à la politique internationale d'embargo. Pour déjouer d'éventuels contrôles, les Syriens utilisent une astuce toute simple : ils ne remettent pas le pétrole irakien sur le marché mondial, et le réservent à leur marché intérieur. Comme les Syriens aussi produisent de l'or noir, ils se trouvent en mesure d'accroître d'autant leurs exportations sans craindre de remarques, puisque leur propre pétrole peut être commercialisé sans restriction. Chacun des deux partenaires est gagnant : Damas vend au prix fort le pétrole naguère consommé sur son marché intérieur, Bagdad tire pour sa part profit d'une contrebande lui permettant de disposer de revenus non contrôlés par l'ONU. Le marché noir du pétrole avec la Syrie est si profitable que, avant le 11 septembre 2001, les deux partenaires envisageaient la construction d'un nouvel oléoduc.

Sous les yeux de l'ONU complaisante

Avec les Jordaniens, mais surtout avec les Turcs — là aussi, on est dans la zone « grise » —, la combine est la même. Des milliers de camions-citernes font la navette avec les raffineries irakiennes. Avec la Turquie, les accords sont d'une simplicité biblique : contre du pétrole, l'Irak peut en principe acquérir n'importe quoi, sauf des armes. Quoique... En fait, avec le 1,5 milliard de dollars annuel tiré des ventes de leur pétrole en contrebande, les Irakiens achètent ce que bon leur semble auprès des fournisseurs qui le veulent bien.

Et là, aucun problème : les marchands se pressent à leur porte, le commerce est plus florissant que jamais ; il passe par un système complexe et bien établi de faux certificats de destination finale (*end users*) concoctés, dans le dos de l'ONU complaisante, avec les Turcs et les Jordaniens, dans une moindre mesure avec les Syriens. Certes, le procédé est onéreux, car chaque intermédiaire prend sa commission. Mais l'Irak dispose aujourd'hui de pratiquement tous les biens qu'il souhaite. Le pays est redevenu, comme aux plus beaux jours, l'un des plus importants marchés de la région, dont seuls les États marchands d'armes respectant l'embargo sont, apparemment, exclus pour l'instant. Selon l'ONU, l'Égypte est devenue en 2000 le premier fournisseur de l'Irak, suivie par les Émirats arabes unis.

Faisons les comptes : Bagdad vend de 600 000 à 800 000 barils par jour en contrebande. En plus de cela, elle vend environ 2,2 millions de barils de pétrole par jour, dans le cadre de l'accord « pétrole contre nourriture » imposé par l'ONU. Au total, cela fait 2,8 à 3 millions de barils quotidiens. Avant la guerre du Golfe, qui a démarré après l'invasion du Koweït le 1er août 1990, l'Irak vendait 2,8 millions de barils par jour. Autrement dit, les quantités actuelles sont plus importantes alors que le pays se trouve en principe sous embargo. Cherchez l'erreur...

Bien sûr, cela ne procure pas à l'Irak les recettes d'antan, car le pétrole de contrebande est vendu à prix cassé. Les ventes contrôlées par l'ONU constituent le gros des recettes et sont réalisées, celles-là, aux prix du marché mondial mais subissent bien des prélèvements. Elles transitent par deux terminaux : celui de Ceyhan, en Turquie, relié aux champs de Kirkouk par un pipeline, et celui de Mina al-Bakr, sur le golfe Persique, débouché des champs de Bassorah. Pour cette énorme partie, on peut donc espérer une transparence totale des opérations régies par l'accord « pétrole contre nourriture ».

Ses règles sont draconiennes : sur un produit de 18 milliards de dollars en 2000, les fonds récoltés sont pour l'essentiel (72 %) affectés à l'achat des fournitures dites « humanitaires », à destination de l'État irakien (59 %) et des Kurdes (13 %), qui assurent ainsi le fonctionnement de leurs embryons d'entités autonomes, par ailleurs financées par des taxes perçues sur le marché noir pétrolier : les Kurdes acceptent de laisser passer le brut de contrebande, contre rétribution. Les 28 % restants sont ainsi répartis : 25 % pour le fonds d'indemnisation de la guerre du Golfe ; 2,2 % pour les frais de fonctionnement de l'ONU dans le cadre du programme « pétrole contre nourriture » ; et enfin 0,8 % pour les frais de fonctionnement de l'UNMOVIC. L'ONU prend aussi sa part sur le produit des ventes. La totalité du chiffre d'affaires du pétrole officiel irakien pris en compte dans le cadre du contrat « pétrole contre nourriture » s'est élevée à 60,3 milliards de dollars entre décembre 1996 et décembre 2002[2]. En additionnant les flux de pétrole « sortant » qu'elle contrôle, et les importations irakiennes qu'elle autorise et surveille, ce sont ainsi 15 milliards de dollars par an que gère l'ONU au titre des affaires irakiennes, soit cinq fois le budget annuel de l'organisation internationale !

---

2. Source : ONU, 24 décembre 2002.

Les bons comptes du pétrole irakien

Le produit des ventes de pétrole irakien part directement sur un compte-séquestre de la banque BNP Paribas à New York. Seule une commission *ad hoc* du Conseil de sécurité, le comité des sanctions, dispose du carnet de chèques et de la signature pour acquérir les biens dont le régime de Bagdad a besoin pour sa population. Cela concerne aussi bien de la nourriture que des médicaments, du matériel de communication que des pièces de rechange pour l'industrie pétrolière, des automobiles ou des stylos à bille. Mais pas des crayons à papier : leurs mines sont en graphite et Washington estime qu'elles pourraient servir à fabriquer des bombes atomiques…

En principe, donc, l'ONU contrôle tout. En réalité, c'est un peu plus compliqué que cela… Par exemple, le 30 décembre 2002, le Conseil de sécurité de l'ONU n'a rien trouvé de plus urgent que de modifier la liste des biens achetables par l'Irak. Les raisons de ce mouvement sont simples : la France devait prendre deux jours plus tard et pour un mois la présidence du Conseil de sécurité, et Washington a tenu à réaffirmer son autorité en interdisant notamment que les Russes puissent vendre à l'Irak des camions lourds susceptibles d'être transformés en lance-missiles…

Pour vendre du pétrole, il faut des acheteurs. On imagine donc sans peine que l'ONU désigne ces derniers, tout comme elle lance des appels d'offres pour les fournisseurs de biens de consommation à l'Irak. Eh bien, non ! C'est Saddam qui choisit ses clients. À quelles conditions ? Les siennes… Si incroyable que cela puisse paraître, les clients potentiels du pétrole irakien « officiel » doivent obtenir l'agrément de l'Irak avant d'être avalisés par l'ONU. Toute société désirant enlever du pétrole est contrainte, avant de se rendre auprès de l'ONU, de se faire enregistrer auprès de la SOMO (State Oil Marketing Organization), la société d'État irakienne, avec laquelle elle signe un contrat. Non sans s'être précédemment arrangée pour les dessous-de-table.

Bagdad veut de l'argent frais qui puisse être contrôlé et disponible directement, sans passer par le compte-séquestre de New York. Il suffisait d'y penser : chaque société pétrolière cliente doit se conformer à une petite formalité, sous peine de se voir interdire d'acheter. La formalité ? Elle se monte, selon nos informations recoupées de plusieurs sources, à 25 cents américains le baril si le pétrole part aux États-Unis, 30 cents pour les autres destinations. D'autres sources évoquent des paiements illégaux de 40, voire 50 cents le baril[3]. L'argent est versé dans une banque d'un pays frontalier de l'Irak (à savoir la Jordan National Bank, à Amman) et le tour est joué... On multiplie 2,2 millions de barils par jour par 25 cents : voilà encore 500 000 dollars qui tombent quotidiennement dans les profondes poches de Saddam.

« C'est vraiment beaucoup d'argent, dit cet expert pétrolier du Golfe, qui a dû lui aussi passer sous ces fourches Caudines. Il n'y a aucun moyen de passer au travers. Les montages financiers sont complexes, mais on ne peut pas échapper au versement. On sait très bien que cet argent ne va pas à la population, mais à Saddam en personne et aux responsables du régime. Il n'y a pas à s'étonner de voir les voitures de luxe de ces gens, leurs palais et leur train de vie fastueux... » Toutefois, dans la série des reculades successives visant à satisfaire l'une après l'autre toutes les exigences de l'ONU, des États-Unis et de l'industrie pétrolière, les premières mesures prises par l'Irak ont justement consisté à mettre fin à ce système de paiements cachés et illégaux, qui furent supprimés en juin 2002.

Saddam Hussein n'est pas le seul à profiter de la manne pétrolière de son pays. Les contrebandiers s'en mettent aussi plein les poches. De même, les pays voisins tirent leur épingle du jeu. Enfin, on pourrait penser que des raisons historiques — liées au rôle de Washington dans la guerre du Golfe — ont fait que les sociétés pétrolières américaines sont les premières clientes du pétrole irakien, dans le cadre du programme

---

3. Alix M. Freedman et Steve Stecklow, « Illegal surcharges let Saddam profit from oil-for-food », *The Wall Street Journal*, 2 mai 2002.

« pétrole contre nourriture ». C'est partiellement vrai. Selon des sources de l'industrie pétrolière, 90 % du pétrole irakien est acheté par des clients américains, essentiellement Chevron-Texaco, si chère au cœur de Condoleezza Rice — ancienne-ment membre de son conseil d'administration — qu'un pétro-lier de la firme, souvenons-nous, portait son nom... Les autres compagnies ayant le plus profité du pétrole irakien sont Exxon Mobil et Valero Energy[4]. C'est que l'ONU leur accorde des conditions tarifaires incomparables. Mais 10 % seulement de ce pétrole arrive aux États-Unis. Acheté à bon compte, parce que destiné au marché américain, l'essentiel est en réalité revendu sur les marchés européens ou asiatiques, avec une confortable marge bénéficiaire. Et la bénédiction du comité des sanctions. Mais, dans ce cas, ce n'est pas de la contrebande. C'est du business.

La guerre, mais pas (seulement) pour le pétrole

À entendre nombre d'observateurs du conflit en cours, à en juger par les arguments des opposants à la guerre et à tendre l'oreille aux stratèges de café du Commerce, le pétrole est l'unique objet de la guerre que les États-Unis s'apprêtent à engager[5]. Est-ce si sûr ? Nous avons vu comment les argu-ments des faucons s'articulent. Comment ils souhaitent voir recomposer le Moyen-Orient de telle façon que l'avenir d'Israël, donc sa sécurité, soit assuré à long terme. Cela passe avant tout par une refonte de la carte politique régionale, ce qui exige aux yeux des tenants de cette thèse de voir disparaître l'obstacle physique à leur projet, Saddam Hussein. Personne n'est évidemment assez fou pour croire une seule seconde que l'avenir de la région, et même celui du monde, pourrait se décider sans la participation du pays où la Bible situe le jardin

---

4. *Ibid.*
5. Une synthèse de ce point de vue est offerte par Bertrand LE GENDRE, « La croi-sade antiterroriste sent le pétrole », *Le Monde*, 21 septembre 2002.

d'Éden, où l'écriture naquit voici plus de cinquante siècles entre le Tigre et l'Euphrate, où dès la fin du XIX⁰ siècle les richesses pétrolières à découvrir excitèrent toutes les convoitises...

C'est l'obstination criminelle de Saddam Hussein qui fait penser aux faucons que la paix au Moyen-Orient, au profit d'Israël et par ricochet du monde arabe, éventuellement, passe par l'élimination du tyran. L'obnubilation dont font preuve les Rumsfeld, les Wolfowitz, les Cheney peut être critiquée, démontée, considérée comme folle, irresponsable et déplacée en ce qu'elle pourrait, si elle doit se conclure par une guerre, ouvrir la voie à une explosion générale et à une confrontation nouvelle dont le monde pourrait heureusement faire l'économie. Mais le fait est là : ces faucons, moteurs de la guerre, ne sont pas motivés en priorité par le pétrole et l'accès à la ressource.

Subsidiairement, sans aucun doute, ils y portent attention. Ils sont en ce sens les dignes successeurs des entrepreneurs et des politiciens américains qui se sont battus avec acharnement dès le début du XX⁰ siècle pour obtenir un accès privilégié aux ressources irakiennes.

Le sultan de la Sublime Porte, qui s'était attribué à titre personnel les richesses irakiennes en 1898 et 1899 [6], accorda à la Deutsche Bank la concession d'une ligne de chemin de fer à construire entre Constantinople et le golfe Persique, qu'on appela rapidement la *Bagdad Bahn*. L'article 22 de ce contrat attribuait au concessionnaire l'exploitation de toutes les richesses découvertes dans une bande de quarante kilomètres de large de part et d'autre de la voie ferrée [7]. Mais si l'Allemagne avait vu loin en s'ouvrant la possibilité d'un accès au pétrole, les Britanniques n'étaient pas restés les deux pieds dans le même sabot : dès 1902, l'Anglo-Persian Oil, ancêtre de

---

6. Les gisements de pétrole de la Mésopotamie restaient encore à découvrir à cette époque, mais les structures géologiques favorables ne laissaient pas de place au doute : ils seraient gigantesques !

7. M. MARTCHENKO, *Le Pétrole maître du monde*, Éditions de la Revue pétrolifère, Paris, 1929, p. 217.

la British Petroleum, avait cherché à étendre au prometteur Irak (alors appelé Mésopotamie) les droits de recherche acquis en Iran ; et un troisième larron entrait rapidement dans la danse : la Royal Dutch Shell.

À la fin de la Première Guerre mondiale, et alors même que l'armistice est entré en vigueur, gelant en principe les positions, les troupes britanniques occupent par surprise Mossoul, attribuée à la France. Paris n'obtiendra que tardivement sa compensation, à savoir le droit d'exploiter 25 % du pétrole irakien. Il s'agit en réalité de l'ancienne part d'exploitation allemande, qui lui est attribuée le 24 avril 1920, lors de la signature officielle de l'accord de San Remo ; cet accord avait été préfiguré par la France et la Grande-Bretagne dans les accords secrets Sykes-Picot de 1916, qui organisaient la répartition des dépouilles de l'Empire ottoman. C'est très exactement à cette période que remontent les premières visées américaines sur le pétrole irakien. Washington fait dès cette date une analyse similaire à celle du secrétaire britannique à la Guerre, sir Maurice Hankey, qui écrit au secrétaire au Foreign Office Arthur Balfour : « Le contrôle de ces ressources pétrolières devient un but de guerre prioritaire [8]. »

La Standard Oil, qui allait devenir Esso, puis Exxon [9], va engager dès cette époque une véritable guerre secrète privée pour obtenir une part du gâteau irakien que les Anglais et les Français s'étaient partagé. Fortement soutenue par l'État fédéral, l'opinion publique et la presse américains, Esso exige que la répartition des dépouilles turques, dont faisait partie le

---

8. James A. PAUL, « Great power conflict over Iraqi oil : the World War I era », *Global Policy Forum*, octobre 2002.

9. La Standard Oil, trust fondé par John D. Rockefeller et Henry Flagler, éclata en plusieurs entités en 1911, sur décision de justice. Trois des sociétés issues de cet éclatement constituent l'ossature de l'industrie pétrolière anglo-américaine. Ce sont la Standard Oil of New Jersey (Exxon), Standard Oil of New York (Mobil), Standard Oil of California (Chevron). Avec les sociétés Gulf, Texaco, Royal Dutch/Shell et Anglo-Persian (BP), elles constituaient naguère le groupe des « sept sœurs ». Après restructurations et rapprochements, les cinq principaux acteurs du marché mondial sont aujourd'hui Exxon Mobil, Royal Dutch/Shell, British Petroleum/Amoco, Chevron-Texaco et TotalFinaElf.

territoire irakien, soit organisée entre tous les vainqueurs de la guerre. Les Anglais acceptèrent l'envoi de prospecteurs américains en Irak et au Koweït, pour finalement faire complètement entrer les Américains dans le jeu. Les Français de la Compagnie française des pétroles [10], mère de la TotalFinaElf d'aujourd'hui, conservaient leur part. En octobre 1927, un invraisemblable geyser de pétrole a jailli lors d'un forage anglais sur le champ pétrolifère de Baba-Gurgur, qui manqua noyer la ville de Kirkouk [11], et les interminables tractations vont devoir déboucher rapidement. Ce sera chose faite en juillet 1928, l'Iraq Petroleum Company obtenant l'exclusivité de l'exploitation du pétrole irakien. Cette société appartenait pour 47 % aux Britanniques (Royal Dutch Shell et Anglo-Persian), 24 % aux Français, 24 % aux Américains, rassemblés dans un consortium, et 5 % à l'homme d'affaires turco-arménien Calliouste Gulbenkian.

Le grand jeu de l'or noir

Affirmer, comme nous le faisons, que l'enjeu du pétrole irakien n'est pas le premier de la guerre annoncée ne signifie certes pas que l'or noir ne joue aucun rôle dans le conflit. Il est bien clair que tous les protagonistes ont les yeux rivés sur la précieuse ressource fossile, moteur de l'économie mondiale, qui constitue naturellement un des éléments majeurs de la géopolitique régionale. Toutes les grandes puissances consommatrices de pétrole sont concernées à des titres différents, et toutes sont attentives à un élément crucial : le cours du baril. Or le fait que la production irakienne soit mise depuis 1996 sur le marché sous contrôle étroit des Nations unies, donc des États-Unis, n'est pas un facteur conduisant à une hausse des

---

10. Créée en 1924, essentiellement pour asseoir la participation des intérêts français dans l'exploitation du pétrole irakien.
11. Véronique MAURUS, « Un empire pétrolier convoité », Le Monde, 28 septembre 2002.

prix, bien au contraire. C'est même un élément régulateur, qu'il conviendra de préserver, dans la perspective de l'après-guerre.

De ce point de vue, il est très clair que les politiques au pouvoir aux États-Unis n'envisagent pas le moins du monde un conflit long, durable, conduisant à l'arrêt de la production irakienne, donc à une flambée des cours pouvant atteindre dans un scénario catastrophe 50, voire 60 dollars le baril, ou davantage. Pour cette raison, les schémas de l'après-guerre ne paraissent donner du crédit qu'à une situation stable, un pays paisible, des Irakiens dociles sous la bienveillante et généreuse férule américaine. Utopie ? Bien sûr... Mais de même que les stratèges environnant Donald Rumsfeld et les durs du Pentagone ne prévoient pas sérieusement une quelconque résistance irakienne, ils n'envisagent pas non plus une autre solution que la victoire américaine. En termes simples, on appelle cela vendre la peau de l'ours avant de l'avoir tué...

L'Irak, ce sont les réserves pétrolières les plus abondantes du monde derrière celles de l'Arabie saoudite. Soit 112 milliards de barils de réserves prouvées (260 en Arabie) [12] et le double de réserves probables. Des recherches plus poussées, faisant appel à des techniques de prospection qui n'ont pas encore été utilisées en Irak, permettraient sans doute de découvrir 100 milliards de barils de plus. Donc personne ne saurait rester insensible à la prise de gages sur les réserves irakiennes, les États-Unis se trouvant sans doute après la guerre — si elle est victorieuse — très exactement dans la position du Royaume-Uni à la fin de la Première Guerre mondiale.

Toutes les firmes pétrolières du monde ou presque, à l'exception des Américaines, ont conclu avec le régime de Saddam Hussein des accords prenant effet avec la fin de l'embargo. Les plus importants contrats paraissent être ceux conclus par TotalFinaElf (France), Lukoil, Mashinoimport et Zarubejneft (Russie), China National Petrol Company (Chine)

---

12. L'Irak possède 11 % des réserves prouvées de pétrole, contre 25 % pour l'Arabie saoudite et 2 % pour les États-Unis.

et ENI (Italie) [13]. Dans les dix années qui viennent, la demande mondiale de pétrole devrait croître de près de vingt points, cette progression étant notamment due au développement des économies chinoise et indienne. Le retour de l'Irak dans le club des producteurs « normaux » est de ce fait attendu avec impatience.

Évidemment, ces accords conclus naguère avec Saddam Hussein par les firmes pétrolières n'ont plus de sens aujourd'hui, et chaque acteur sait fort bien que le pétrole irakien sera mis à la disposition des États-Unis après une invasion du pays. Pour cette raison, les discussions sont déjà entamées entre Moscou et Washington sur la préservation des intérêts russes en Irak, et il est permis de penser que c'est exactement la même chose avec les autres pays concernés. Mais pour ce qui concerne la France, c'est moins sûr. Et Total pourrait bien perdre à court terme les positions acquises en 1916. Pourquoi ? Tout simplement parce que le président George W. Bush et surtout son vice-président Dick Cheney auront là une occasion en or de punir l'attitude de Paris dans la crise irakienne.

Officiellement, mais seulement pour préserver les apparences, le Congrès national irakien prend les enchères… Mais les États-Unis ont déjà réservé la meilleure part du futur gâteau pétrolier à leur propre industrie. L'un des problèmes auxquels les forces d'invasion auraient à faire face concerne d'ailleurs l'état des puits de pétrole irakiens. Depuis la guerre du Golfe, ils n'ont fait l'objet que d'un entretien minimal et seraient souvent en très piteux état, dangereusement envahis par l'eau. Loin d'être le géant que l'on dit, l'Irak ne représente plus aujourd'hui que 3 % des capacités de production mondiales. Doubler ce chiffre n'exigerait pas moins de dix années de remise à niveau et d'investissements massifs. De plus, on n'imagine pas que Saddam Hussein n'ait pas prévu quelques tours à sa façon, et l'on se souvient à cet égard de la mise à feu des puits koweïtiens en 1991. Dans tous les cas de figure,

13. *Iraq Country Analysis Brief*, Department of Energy, octobre 2002.

aucune reprise de l'exploitation du pétrole irakien ne pourra être entamée sans l'injection de dizaines de milliards de dollars, qui relanceront à coup sûr toute l'industrie pétrolière mondiale. Pour autant, en ce début 2003, la guerre n'est pas entamée, et d'aucuns espèrent même qu'elles ne le sera pas. Ceux-ci envisagent alors de contraindre Saddam Hussein par d'autres méthodes. Bonne idée ? Mauvaise idée ? Voyons cela...

Inutiles sanctions

Lorsque les partisans de la mise au pas de Saddam Hussein et de l'Irak refusent l'option militaire, ils évoquent générale-ment la possibilité pour la communauté internationale de conti-nuer d'imposer son point de vue par des sanctions écono-miques, c'est-à-dire de poursuivre la politique d'embargo mise en place après la guerre du Golfe. Le problème, c'est que cette politique ne fonctionne pas. Pas seulement parce que les seuls à tirer les marrons du feu, comme nous l'avons vu, sont les compagnies pétrolières internationales et surtout américaines, de même que Saddam Hussein.

D'ailleurs, quelle meilleure preuve de l'échec de cette poli-tique que le constat, plus de dix ans après sa mise en place, de l'absence des résultats escomptés ? L'Irak n'est pas devenu une démocratie, Saddam Hussein est toujours au pouvoir et le soupçon demeure, selon lequel il a poursuivi sa politique d'armement nucléaire, biologique et chimique. Bref, la poli-tique de sanctions économiques, loin d'abattre le tyran de Bagdad, n'a fait qu'ajouter une calamité supplémentaire au sort déjà peu enviable du peuple irakien. Pire : en noircissant aux yeux de ce dernier le rôle de l'ONU et des États-Unis, elle a conforté Saddam Hussein et renforcé sa position dans son pays, en lui permettant de se donner le beau rôle dans la défense des intérêts nationaux, contre une volonté américaine inaccep-table. De ce fait, « le régime n'a pas grand-chose à perdre, puisque le pays souffre déjà ; de nouveaux dommages provoqués par les sanctions affecteront la population la plus pauvre [14] ».

En réalité, c'est bien le peuple irakien qui endure les pires conséquences de l'embargo économique. La caste dirigeante se procure au marché noir tout ce dont elle peut rêver, et plus encore, mais cette caractéristique n'est pas propre à l'Irak. Dans tous les pays ayant subi des embargos ou des sanctions d'ordre divers au cours des dernières années [15], le même phénomène a pu être observé, qui se trouve confirmé par ce qui se passe en Irak depuis 1991 : « Les sanctions ont pour effet principal de restreindre les options des acteurs locaux. Mais la plupart d'entre eux développent généralement différentes stratégies de contournement qui peuvent minimiser, voire annuler complètement, les effets escomptés des sanctions. Ce processus explique, par exemple, que dans de tels contextes l'usage des ressources disponibles à des fins privées immédiates s'accroisse continuellement. La déliquescence des structures industrielles et économiques, de même que l'accélération de la privatisation des fonctions de l'État peuvent résulter précisément de ce type de pratique [16]. » Un chiffre, un seul, incontestable ? La mortalité infantile est passée dans le pays de 3,7 % avant la guerre du Golfe à... 12 % depuis (contre 1,2 % en Europe et 0,7 % en Amérique du Nord). De plus, au-delà des 40 000 morts annuelles d'enfants de moins de cinq ans, 50 000 adultes subissent le même sort en raison des déficiences

---

14. Sidarth PURAM, « US sanctions on Iraq : the persistence of a failed policy », *Breackthrough*, printemps 2002, vol. XI, n° 1.

15. Avant 1990, l'ONU avait imposé des embargos à la Rhodésie et à l'Afrique du Sud. La décennie 1990 a été marquée par de nombreuses sanctions de ce type, notamment des embargos sur les armes, contre l'Irak (depuis 1990), la République fédérale de Yougoslavie (1991-1996 et 1998-2001), la Somalie (depuis 1992), la Libye (1992-1999), le Liberia (depuis 1992), Haïti (1993-1994), Angola (Unita ; depuis 1993), Rwanda (1994-1996), Soudan (1996-2001), Sierra Leone (depuis 1997), Afghanistan (depuis 1999), Érythrée et Éthiopie (2000-2001). Source : Simon CHESTERMAN et Béatrice POULIGNY, *La Politique des sanctions*, International Peace Academy/CERI/The Royal Institute for International Affairs, Paris, 2002.

16. *Ibid.*, p. 32.

des réseaux de traitement et d'adduction d'eau et des interruptions de l'approvisionnement électrique [17].

Faut-il pour autant renoncer aux sanctions économiques, ou, à l'inverse, recourir à la seule coercition militaire pour amener Saddam Hussein à résipiscence ? Un juste milieu existe sans doute qui puisse, d'une part, satisfaire les exigences de la communauté internationale relatives au progrès de la démocratie dans ce pays et, d'autre part, ne pas aggraver le sort d'une population exsangue : « Si les sanctions provoquent des dégâts humains considérables en Irak, et dès lors que les attentes d'un renversement intérieur ou extérieur de Saddam sont déçues, une autre politique pourrait être mise en œuvre. Elle pourrait procéder d'une détente de l'approche actuelle, qui court à la confrontation, et qui n'a pas seulement coûté des vies irakiennes, mais aussi en effort de guerre américain, pour plus de un milliard de dollars par an. Les sanctions pourraient être revues pour ne plus concerner que les matériels militaires, tout en relâchant la pression économique qui a tant touché la population civile irakienne [18]. »

La guerre contre l'Irak est une mauvaise idée. D'autres méthodes, moins contraignantes, moins dramatiques pour les Irakiens, peuvent être mises en place : des sanctions internationales correctement gérées, l'opprobre général peuvent avoir une influence. Dans un genre différent, mais pas tant que cela si on y regarde de plus près, un pays défia le monde avec une vigueur au moins aussi forte que celle dont fait preuve Saddam Hussein. Il s'agit rien moins que de l'Afrique du Sud, État raciste où la majorité noire de la population fut écrasée durant des décennies par une minorité blanche possédant toutes les richesses.

La contestation y était réprimée dans le sang, provoquant des dizaines de milliers de morts, mais les États-Unis ne firent pas grand-chose pour remédier à la situation. Ce pays arrogant qui

---

17. John MUELLER et Karl MUELLER, « Sanctions of mass destruction », *Foreign Affairs*, mai-juin 1999.

18. *Ibid.*

se voyait un rôle de puissance régionale menaçait ses voisins, intervenait chez eux par guérillas interposées, disposait d'une puissante industrie d'armements exportatrice sans contrôle international. Il pouvait faire chanter le monde grâce à des richesses minérales extraordinaires, car le diamant et l'or, s'ils ne valent pas le pétrole irakien, sont tout de même de puissants moteurs de l'économie mondiale. L'emplacement géopolitique du pays est lui aussi essentiel, au sud de l'Afrique. Pour amener ce pays à respecter les droits de l'homme, l'ONU décréta un embargo sévère, dont le succès est venu démontrer que, parfois, les sanctions paient...

Et pour parachever l'analogie, rappelons que l'Afrique du Sud construisit en secret six bombes atomiques. Que firent les États-Unis ? Rien... Au contraire, la première démocratie du monde mit continuellement des bâtons dans les roues des pays qui cherchaient à aider le peuple sud-africain opprimé. Ce qui n'empêcha pas l'abominable régime de l'*apartheid* de tomber en poussière sous les coups de sa propre population, et l'Afrique du Sud de rejoindre la petite tribu des démocraties. Alors, pourquoi pas l'Irak ? Sans guerre ? Telle n'est pas l'option de l'administration de George W. Bush...

8

Tambours de guerre

Pourquoi Bush père laissa-t-il Saddam au pouvoir ?

Pourquoi, en 1991, après que les troupes irakiennes eurent été éjectées du Koweït ou liquidées sur place, les troupes américaines n'ont-elles pas pris la route de Bagdad, pour la conquérir et réduire son maître à merci ? L'US Army avait travaillé précisément sur de tels plans, à des niveaux subalternes [1], et considérait qu'ils permettraient une victoire rapide. Le général Steven L. Arnold avait ainsi mis au point trois scénarios assez proches, consistant pour les forces terrestres à envelopper Bagdad avec le VIIe corps d'armée, mais sans pénétrer dans la capitale, pour laisser ce soin aux forces spéciales, rejointes — du moins ces plans le supposaient-ils — par une insurrection intérieure. Mais leur application ne fut jamais sérieusement envisagée, essentiellement en raison des oppositions des politiciens, dont Paul Wolfowitz, aujourd'hui chaud et ardent partisan d'une invasion.

Les explications d'une telle attitude sont multiples. Pour le président George W. H. Bush lui-même, il n'était pas question

---

1. Michael R. GORDON et Bernard E. TRAINOR, *The General's War*, *op. cit.*, p. 450 *sq*.

de s'en prendre personnellement à Saddam Hussein, ce qui n'aurait pas seulement imposé de dépasser les buts de guerre fixés par l'ONU en novembre 1990, mais également de s'engager dans une conquête et une occupation territoriales que personne ne souhaitait aux États-Unis [2], et pas davantage à Moscou. Pour autant, cette question fut bien évoquée à très haut niveau à l'époque — notamment lors de réunions au Conseil national de sécurité en décembre 1990 —, mais pour conclure que dans une telle hypothèse les États-Unis perdraient le soutien de leurs alliés arabes, y compris l'Arabie saoudite, tout en s'engageant sans doute vers une polémique intérieure virulente ; en raison, bien sûr, des risques bien réels qu'une telle occupation aurait fait peser sur la vie de soldats américains.

De plus, les très instables équilibres du Moyen-Orient reposent pour une part sur le sacro-saint principe de l'intangibilité des frontières, et la Turquie se disait alors persuadée — elle n'a pas changé d'avis depuis — qu'une occupation militaire de l'Irak se traduirait immanquablement par la sécession et la création d'un État kurde, éventualité dont elle ne veut à aucun prix. La politique et la guerre n'ont que faire des grands sentiments. Une fois l'éponge à pétrole du féodal Koweït libérée, et l'accès aux puits rétabli, les États-Unis n'avaient en réalité aucun motif de s'opposer à ce que Saddam demeure au pouvoir à Bagdad. Pour la simple et bonne raison que le président Bush père ne s'intéressait déjà plus qu'à sa réélection programmée pour 1992, et que Saddam n'était plus son souci…

Un certain nombre d'analystes avisés, surtout dans les pays arabes, avaient pourtant prédit que le maître de Bagdad ne survivrait pas à une défaite. Quelle erreur ! Non seulement il était toujours en place, plus solidement que jamais lors du douzième anniversaire de son agression contre le Koweït, mais, dès la fin de la guerre du Golfe, il entamait une répression féroce contre les chiites au sud de l'Irak et contre les Kurdes au nord. Dans l'indifférence générale de la communauté internationale.

---

2. George H. Bush et Brent Scowcroft, *A World Transformed, op. cit.*, p. 487.

Un formidable arsenal

Cette fois-ci, les tambours de guerre résonnent pour de bon. Mais jusqu'à la fin de l'année 2002, une analyse rapide des déploiements militaires américains dans la région du Golfe, à tout le moins ceux rendus publics, permettait d'avancer qu'une attaque contre l'Irak n'aurait pas lieu de sitôt, tout simplement parce que les hommes pour la conduire n'étaient pas réunis : 65 000 soldats américains se trouvaient alors rassemblés dans les différentes bases avancées du golfe Persique, un nombre très insuffisant pour que la moindre attaque soit envisagée.

C'est à partir du début de l'année 2003 que la situation a changé. Le rythme des déploiements américains s'est accéléré avec le départ annoncé de 100 000 hommes supplémentaires, notamment au Koweït. Ces hommes appartiennent aux 4ᵉ division d'infanterie, 1ʳᵉ division de cavalerie, 82ᵉ division aéroportée, 101ᵉ division d'assaut aéroportée. Elles sont complétées par des envois importants d'unités aériennes : 1ʳᵉ escadre de chasse (F-15C), 4ᵉ escadre de chasse (F-15E), 28ᵉ escadre de bombardement (B-1B), 54ᵉ escadre (hélicoptères HH 60 et drones Predator), 347ᵉ escadre de sauvetage (HC-130)[3]. Deux nouveaux porte-avions — le *George Washington* et le *Theodore Roosevelt* — et leurs escadres de douze bâtiments chacune ont quitté les côtes américaines, tandis que le *Harry Truman* se trouve en Méditerranée. L'*Abraham Lincoln* est dans l'océan Indien et le *Kitty Hawk* — base des forces spéciales contre l'Afghanistan — au Japon. Le porte-avions *Constellation* et le navire d'assaut amphibie *Nassau* se trouvent déjà dans le Golfe avec leurs escortes respectives. Au total, quatre porte-avions seraient présents dans la quinzaine précédant une invasion, chacune de leur escadre comptant 7 500 hommes.

---

3. La liste de ces unités ne saurait être exhaustive. Des centaines, voire des milliers d'autres ne comptant que quelques dizaines d'hommes ont été déployées ou se trouvaient en cours de déploiement dans les premières semaines de février 2003.

Ce qui différencie les militaires américains des autres, c'est, en particulier, la taille de leurs armées. Elles sont gigantesques, et spécialement dans un domaine qui demeure à la source de l'efficacité militaire : la logistique. Il n'est pas étonnant dans ces conditions de voir que les Français alignent une flotte de transport forte de quatre-vingts avions (66 C-160 Transall et 14 C-130 Hercules) quand l'US Air Force en aligne… onze fois plus : 468 C-130, 82 C-17 Globemaster, 110 C-5 Galaxy, 69 C-141 Starlifter… qui ne suffisent pas. Car quand il s'agit de monter en puissance, les aviateurs américains ne font pas comme les Français, qui louent un ou deux Antonov cacochymes en Ukraine. L'Oncle Sam, lui, a passé par avance des contrats avec les compagnies aériennes nationales possédant le cargo qu'il préfère : le Boeing 747. Combien en a-t-il à sa disposition, de ce modèle et d'autres, juste en levant le petit doigt ? 927, dont 16 chez DHL et 111 chez Federal Express ! Le GAO (General Accounting Office, faisant fonction de Cour des comptes aux États-Unis), qui publiait ces chiffres en décembre 2002, trouve d'ailleurs que c'est un tiers de trop…

Mais voilà qui démontre que, pour la montée en puissance mise en œuvre dans la préparation d'une guerre contre l'Irak, ce ne sont pas les moyens logistiques qui manquent. Toute l'organisation de la défense américaine repose d'ailleurs sur la préparation de missions de ce type. Elle a même fait du « soutien de l'homme » sa spécialité souvent imitée, jamais égalée, question de moyens ! Les soldats américains y gagnent en solidité psychologique ce qu'ils perdent en rusticité. Dans les autres armées, l'intendance suit les combattants. Chez eux, elle les précède, et ça fait toute la différence. Énorme.

Prenons les soldats du Marine Corps qui iraient se battre sur le sol irakien. Pour certains, ils arriveront dans la zone à bord des navires d'assaut sur lesquels ils sont déjà prêts à débarquer, avec leurs engins de combat. Ils sont par exemple 2 200 à bord du *USS Nassau*. Ce qui permet accessoirement de faire un peu de bruit, en prétendant que l'Irak sera attaqué par la mer. Et pourquoi pas à ski ? Mais pour les *marines* qui ne se trouvent pas sur l'eau, c'est en avion qu'ils arriveront quelques jours avant la guerre, quand leur matériel sera parvenu sur place alors qu'il est déjà embarqué par avance sur treize gigantesques cargos de la MPF (Maritime Prepositioning Force) répartis entre la Méditerranée, le Pacifique et l'océan Indien — dont cinq à Diego Garcia, qui n'étaient pas partis pour le Golfe à la fin janvier —, bourrés jusqu'à la gueule de chars, d'hélicoptères, de munitions, d'huile de vidange, de brosses à dents et des épouvantables rations alimentaires américaines, les MRE (Meals, Ready to Eat), dont le pain reste frais et moelleux durant… trois ans dans le carton. Dans les Balkans, les soldats français échangent une de leur ration contre trois américaines, c'est un prix d'ami.

À bord de quatre cargos de la MPF, il y a de quoi « soutenir » durant un mois 17 000 combattants du Marine Corps. Et ce n'est qu'ensuite que les flux logistiques arrivent sur la zone des combats. Mais les *marines* ne sont pas seuls, il faut également soutenir les aviateurs, les marins, les *GI's*. Et leurs machines. Un hélicoptère CH-53 Chinook consomme 2 000 dollars de matériel à l'heure de vol, sans compter le kérosène. Alors, à partir d'octobre 2002, une noria s'est organisée depuis le continent américain, qui emporte vers le Golfe tout ce dont les combattants auraient besoin. L'US Navy dispose pour cette fonction de huit cargos modernes de 56 000 tonnes qui filent à plus de trente nœuds et parcourent la distance entre les États-Unis et le Golfe en dix-huit jours. Pendant des semaines, ils n'ont pas arrêté de tourner, renforcés par des dizaines d'autres navires militaires et de cargos civils affrétés.

À bord de cette noria, on trouve encore de tout : des milliers de tonnes de munitions, des remorqueurs portuaires et du vin de messe, des vêtements de sport et des milliers d'équipements de vision nocturne, mais aussi du carburant et même, notait la revue spécialisée *Defense News*, du… sable ! Pour aller dans le désert ? Mais oui, parce que c'est prévu comme ça, et que du sable, il en faut pour garnir les sacs destinés à protéger les stocks de munitions. Lesquels sacs sont d'ailleurs biodégradables pour ne pas fatiguer l'environnement. Donc, en trois mois ou moins, ils sont réduits en poussière. Encore une idée de ce que représente la montée en puissance américaine ? Pour la guerre du Golfe, l'US Army toute seule avait envoyé cent quatorze mille camions !

Le scénario de la guerre

À l'issue de déploiement, c'est à partir de la fin février 2003 que George W. Bush sera en état d'engager un conflit contre l'Irak, à savoir une invasion selon un scénario qui ne sera évidemment pas dévoilé avant son déclenchement. Qu'il le décide ou non immédiatement, les moyens, humains et matériels dont ses stratèges estiment avoir besoin seront là. La manière dont agiraient les troupes est dictée par les forces disponibles. Si l'on s'en tient aux chiffres publiés par le Pentagone, quelque 160 000 soldats américains seront déployés en février 2003. Mais les généraux ont demandé qu'une force « écrasante » composée de 200 000 à 250 000 hommes soit disponible avant d'engager l'attaque.

Voilà aussi pourquoi les États-Unis négociaient encore fin janvier avec une Turquie très réticente le déploiement de 100 000 *GI's* dans ce pays. 100 000 hommes au nord, un peu plus au sud : ce serait le quart de la force qui avait été rassemblée pour la guerre du Golfe, et le compte y serait à peu près, de l'avis de tous les experts consultés. Pour pallier une éventuelle défaillance de l'ombrageux allié turc, la seule nation musulmane appartenant à l'OTAN, certains experts ont avancé l'idée selon laquelle des troupes pourraient directement débarquer d'Europe ou des États-Unis pour immédiatement partir se battre sur le terrain. Cette hypothèse ne tient pas la route : conduire une offensive aussi ambitieuse que l'invasion d'un pays pratiquement aussi grand que la France, peuplé de 23 millions d'habitants, exige des troupes acclimatées, ayant passé plusieurs semaines sur le terrain, et aptes à combattre en grand nombre.

Précisons un élément : pour l'armée américaine, la plus puissante mais aussi la plus lourde du monde, un combattant le fusil à la main est « soutenu » à l'arrière par une énorme logistique, comptant entre huit et dix hommes. Voilà pourquoi l'arithmétique explique les choix de l'administration Bush, tels qu'ils étaient visibles à la fin de janvier : avec un effectif au complet, elle ne disposerait que de 25 000 ou 30 000 combattants pour envahir l'Irak, selon un scénario à la Guderian, dans une chevauchée fantastique qui verrait les chars Abrams et les blindés Bradley environnés de nuées d'hélicoptères d'assaut et de transport de troupes foncer vers Tikrit, les principales villes irakiennes et les champs pétrolifères, en laissant Bagdad de côté, dans un premier temps. On comprend que ce scénario, véritable rêve hollywoodien à la Francis Ford Coppola, validé par l'auteur auprès de plusieurs experts militaires, exigerait le soutien de forces étrangères. Les Britanniques ont annoncé l'envoi de moins de 30 000 hommes, seul soutien effectivement en route à l'heure où nous écrivions ces lignes.

Vaincre Saddam, occuper l'Irak

Une question cruciale concerne naturellement les capacités de résistance de l'armée irakienne. Sera-t-elle enfoncée comme le furent les forces françaises par l'armée allemande en 1940 ? C'est possible. Un carré d'irréductibles se battra-t-il contre le corps expéditionnaire américain, ou bien l'ensemble de l'appareil militaire, y compris la garde prétorienne, s'effondrera-t-il comme un seul homme, comme l'avaient fait les forces armées iraniennes en 1979, alors qu'elles étaient censées protéger le shah jusqu'à la mort ? C'est une partie de la question...

S'il est alors toujours vivant, Saddam Hussein ne restera pas inerte en cas d'invasion. Sans même parler de l'usage des armes chimiques, dont il a sans doute conservé au moins une partie de la maîtrise, il peut mettre en œuvre de sévères capacités de nuisance. Mettre à feu les puits de pétrole, inonder les marais du sud de l'Irak, détruire les ponts sur le Tigre et l'Euphrate, saboter routes et autoroutes. Autant d'initiatives qui gêneraient considérablement les troupes américaines, lesquelles ne disposent que d'un génie militaire aux moyens énormes mais aux capacités tactiques médiocres — tous les spécialistes voient comme un cas d'école l'incapacité de la 512ᵉ compagnie du génie à installer en moins de trois semaines (!) un simple pont flottant sur la rivière Save, entre la Bosnie et la Croatie, en 1995. Comment ces mêmes sapeurs de l'US Army assureraient-ils l'ouverture des routes indispensable aux flux logistiques gigantesques que nécessite un déploiement militaire américain ? On se le demande...

D'autres questions tout aussi cruciales, et qui demeurent pour l'instant sans la moindre réponse, concernent les forces que les Américains devront déployer en Irak après la conquête, si elle se produit sans trop d'anicroche. Et là, les chiffres étudiés par l'US Army font se dresser les cheveux sur la tête de n'importe quel planificateur. C'est encore une simple question d'arithmétique, étudiée dans le détail par le *think tank* le moins enclin qui soit à la plaisanterie, la Rand Corporation. Or celui de ses analystes qui s'est penché sur le sujet, James T. Quinlivan, fait des comptes assez étonnants, et démontre par A + B que les forces nécessaires pour stabiliser un pays après sa conquête s'élèvent à quatre hommes en armes (y compris des policiers) pour mille habitants quand la situation n'est pas trop explosive, mais peuvent atteindre des niveaux plus élevés dans des zones à risques mal maîtrisés.

Par exemple, les Anglais ont déployé durant vingt-cinq ans en Ulster vingt hommes en armes pour mille habitants. Trois de plus que l'ensemble des pays participant au déploiement de l'IFOR (Implementation Force) en Bosnie-Herzégovine, durant toute l'année 1996 : ils étaient 65 000 pour 3,7 millions d'habitants[4]. On imagine mal comment une force d'occupation en Irak pourrait proportionnellement compter moins de troupes que dans ces deux cas. Le calcul est simple : vingt soldats pour mille habitants dans un pays en comptant

---

4. James T. QUINLIVAN, « Force requirements in stability operations », *Parameters*, hiver 1995.

23 millions, cela fait plus de quatre cents mille hommes en armes. Où sont-ils ? Peut-on penser une seule seconde que le Pentagone choisirait de recourir à des forces supplétives locales pour assurer le maintien de l'ordre ? Non... Il y a donc un problème !

Bien sûr, on peut subodorer que les stratèges du Pentagone ont une idée derrière la tête. Elle serait la suivante : mener une invasion avec les seules forces américaines et britanniques, puis s'enfermer dans des camps retranchés, et laisser des forces alliées supplétives occuper le terrain, garder les carrefours et les prisons. C'est même un rôle dans lequel certains militaires américains verraient assez bien leurs homologues français et européens...

Le jour d'après

On a vu comment, durant des mois, les généraux américains ont traîné les pieds. Face aux ardeurs des va-t-en-guerre qui entourent le pétaradant secrétaire à la défense Donald Rumsfeld, les tenants de la non-intervention, ou du moins de la plus extrême prudence, passent pour des volailles pacifistes. Curieusement, ils sont ou furent généraux et comptent dans leur rang, outre le secrétaire d'État Colin Powell, la quasi-totalité des galonnés du Pentagone.

Ces derniers font passer un message simple aux politiques qui ne veulent voir dans l'aventure militaire irakienne programmée qu'une partie de campagne. Dans un article retentissant publié le 18 décembre 2002, le *Washington Post* révélait que les deux chefs militaires dont les troupes seraient chargées de mener l'offensive au sol, le patron de l'US Army Eric Shinseki, dont nous avons vu qu'il avait été saqué par avance par Rumsfeld, et celui du Marine Corps James L. Jones (qui devait prendre incessamment le poste de SACEUR, commandant des forces américaines en Europe), se sont vigoureusement affrontés à l'adjoint de Cheney, Paul

Wolfowitz[5]. Thème du débat ? La sous-estimation par les politiques des risques d'une guerre contre l'Irak. La crise ainsi révélée est si sérieuse que Wolfowitz a dû se fendre d'une réponse dans le même journal, pour affirmer qu'il ne croit pas qu'il suffira que l'attaque américaine soit déclenchée pour que Saddam Hussein tombe de la branche comme un fruit mûr, et que « la guerre est brutale, risquée et imprévisible[6] ». Pourquoi, dans ce cas, courir au conflit avec une telle ardeur ? N'y aurait-il pas anguille sous roche ? Peut-être bien.

Le premier argument en faveur de cette thèse consiste à relever que, fin janvier 2003, le dispositif militaire américain était encore à des semaines d'être au point dans l'hypothèse d'une invasion qui devrait se produire avant qu'il se mette à faire trop chaud dans la région, à la mi-mars. Dès lors, il est facile de concevoir que le calendrier des élections présidentielles américaines (prévues en novembre 2004) serait plutôt favorable à une opération militaire en octobre 2003, qui serait terminée en décembre et laisserait toute l'année 2004 à George W. Bush pour capitaliser les bénéfices de la victoire (puisque la défaite n'est pas une option). L'autre hypothèse, c'est que l'extraordinaire gesticulation militaire et médiatique américaine, qui dure, ne l'oublions pas, depuis le printemps 2002, n'a pour but que d'effrayer et d'affoler Saddam et de secouer l'Irak pour conduire ses généraux et sa population à dérouler un scénario à la roumaine, pour réserver à Saddam le sort qu'avait subi Nicolas Ceausescu. *Wait and see…*

Une avant-guerre, c'est toujours la même chose. Ceux qui s'opposent à l'ouverture d'un conflit armé cherchent à faire valoir leurs vues. Et de l'autre côté, ceux qui veulent en découdre aiguisent leurs couteaux. Mais, au bout du compte, arrive toujours le « jour d'après », qui suit le dénouement, quel qu'il soit. En l'attendant, toutes les voies, toutes les approximations,

---

5. Thomas E. RICKS, « Projection on fall of Hussein disputed », *The Washington Post*, 18 décembre 2002.

6. Paul WOLFOWITZ, « United on the risks of a war with Iraq », *The Washington Post*, 23 décembre 2002.

toutes les supputations et tous les calculs sont ouverts. Concernant le territoire irakien, personne ne sait évidemment prédire ce que donneront les énergies débridées, les ambitions lâchées, les compétitions ouvertes. Que la conquête se soit produite, ou même qu'elle échoue, et l'on assistera à la fois à une implantation encore plus profonde des États-Unis dans la région et à une redistribution générale des cartes.

La prise de contrôle totale du Japon après la défaite de l'empire en 1945, puis son occupation militaire qui dura jusqu'en 1952 sont souvent considérées comme un cas d'école et une forme d'exemple à méditer pour l'après-guerre irakienne. Pourtant, ce schéma ne fonctionne pas, pour plusieurs raisons. Tout d'abord, l'ensemble des vainqueurs de la Seconde Guerre mondiale — et tous les pays asiatiques qui avaient subi le joug japonais en premier — étaient d'accord pour une solution dure, imposant une férule martiale au vaincu humilié. De surcroît, la population japonaise elle-même était demandeuse d'un changement de régime, et la présence américaine n'a pas déçu : elle a permis le passage à la démocratie, le respect des accords internationaux, une relation pacifiée avec les pays voisins.

Deux personnalités, en outre, ont joué des rôles considérables. D'abord, l'empereur Hirohito s'est comporté comme le vaincu humilié qu'il était devenu, et qui avait accepté la reddition sans condition de son pays, après en avoir dirigé la politique belliqueuse de conquêtes. Il est demeuré en place de par la seule volonté américaine, non pas seulement pour incarner l'unité nationale préservée, mais également pour rappeler à qui en aurait douté son allégeance totale et sans restriction au vainqueur : ce n'est pas tous les jours qu'on écrase un demi-dieu sous sa botte ! Attitude conciliante qui permit accessoirement à Hirohito de sauver sa tête, sans avoir même eu à comparaître devant le tribunal militaire international qui condamna sept dirigeants japonais à la peine capitale le 24 novembre 1948 [7].

---

7. Philippe PONS, « L'impunité pour Hirohito », *Le Monde*, 30 novembre 1998.

Ensuite, le vainqueur américain avait pris le visage d'un soldat atypique, celui du général Douglas McArthur, proconsul tout-puissant appliquant librement sur le terrain les directives de Washington, qui lui avait laissé la bride sur le cou. Son action permit au Japon d'entrer dans l'après-guerre avec une société modernisée, grâce notamment à sa nouvelle Constitution démocratique proscrivant la participation aux conflits armés, sauf pour défendre le territoire national.

Comparer par avance le Japon d'après Hiroshima à l'Irak après la guerre américaine, à supposer que cette dernière soit victorieuse, n'est donc guère pertinent. La puissance militaire irakienne, de même que les desseins expansionnistes qui furent naguère les siens ne sont que de pâles souvenirs. Les aventures militaires dans lesquelles se lança le Japon impérial ne viennent plus à l'esprit à propos d'un Saddam Hussein qui n'a subi que des défaites, d'abord dans sa guerre contre l'Iran dans les années 1980, puis durant la guerre du Golfe. Quant à l'installation de la démocratie au Japon, elle avait surtout été rendue possible par une tradition ancienne et mal connue, mais bien solide, dans l'empire du Soleil-Levant. Autre différence : le Japon ne possédait aucune ressource naturelle susceptible d'intéresser son conquérant... qui se pencha sur le sort qu'il réserverait à ce pays après sa défaite, dès les jours suivant le désastre de Pearl Harbor.

Pour les États-Unis, l'après-guerre en Irak se prépare depuis le début de 2002. Et ce travail va bien au-delà de la simple préparation de l'occupation et de l'administration provisoire du pays. Car avant même que ces questions soient abordées, il faudra bien que les États-Unis prennent les moyens d'éviter que les forces piaffantes de l'opposition à Saddam Hussein, écrasées sous le joug baasiste depuis des décennies, ne se combattent avec trop de vigueur, remplaçant une dictature par une sanglante guerre civile. Ces forces intérieures, antagonistes et qui se sont souvent violemment opposées les unes aux autres dans le passé, vont chercher à tirer les marrons du feu pour acquérir pouvoir et richesses dans l'après-Saddam. Les Kurdes, de ce point de vue, constituent une inconnue de taille, et le PDK (Parti démocratique du Kurdistan) [8] de Massoud Barzani, autant que l'UPK (Union patriotique du Kurdistan) [9] de Jalal Talabani, qui se partagent le pouvoir au nord de l'Irak, ne devraient pas décevoir ceux qui savent par avance qu'ils ne se soumettront pas facilement aux exigences américaines.

Dans les derniers mois de l'année 2002, et encore au début de 2003, ces forces antagonistes ont tenté à grand-peine de trouver des points d'accord. En décembre, un congrès extraordinaire de l'opposition, qui s'est tenu à Londres sous l'égide américaine, s'est soldé par la mise sur pied d'un « comité de suivi et de coordination » de soixante-cinq membres (!), et par des discours disparates assortis d'exclusions, d'anathèmes et de promesses de discordes encore plus violentes. Mais dès le lendemain de la réunion, certains membres de l'opposition entamaient déjà, à Washington cette fois, les discussions sur le partage de la manne avec les grandes compagnies pétrolières américaines !

Comment imaginer que les chiites majoritaires dans le pays, réunis sous la bannière de l'Assemblée suprême de la révolution islamique en Irak (ASRII) [10] inféodée à l'Iran, et qui représentent plus du tiers des forces d'opposition, les Kurdes en rassemblant le quart, vont accepter de voir se maintenir, comme le souhaitent les Américains, le joug sunnite minoritaire qui les écrase par la force depuis tant d'années ? Comment l'Amérique, qui affirme venir en Irak pour aider à la mise en place de la démocratie et de la paix civile, fera-t-elle pour que ces chiites du sud de l'Irak ne cherchent pas à créer un État indépendant, plutôt plus que moins inféodé à l'Iran ? Comment Washington va-t-il gérer les ardeurs kurdes, dont les forces sont aussi divisées qu'il est possible de l'être, lorsque le commode ennemi commun Saddam Hussein ne sera plus un élément du jeu complexe régissant le pays ?

---

8. <http://www.kdp.pp.se>.
9. <http://www.puk.org>.
10. <http://www.sciri.org/>.

La seule chose certaine concernant l'après-Saddam — quelles que soient les conditions dans lesquelles ce dernier quitte la partie — n'est autre que la convergence des volontés américaine, arabe, perse, européenne, etc. de maintenir, au moins en apparence, l'unité de l'État irakien. Pour le reste, les jeux sont ouverts, et il n'est pas besoin d'être grand clerc pour deviner que la folie des hommes se chargera de provoquer un chaos historique en continuant de faire de l'Irak — mais pour combien de temps encore ? — le centre de notre planète…

Le 28 janvier 2003

Annexes

Résolution 1441 de l'ONU sur le désarmement irakien*

Le Conseil de sécurité,

Rappelant toutes ses résolutions pertinentes antérieures, en particulier ses résolutions 661 (1990) du 6 août 1990, 678 (1990) du 29 novembre 1990, 686 (1991) du 2 mars 1991, 687 (1991) du 3 avril 1991, 688 (1991) du 5 avril 1991, 707 (1991) du 15 août 1991, 715 (1991) du 11 octobre 1991, 986 (1995) du 14 avril 1995 et 1284 (1999) du 17 décembre 1999, ainsi que toutes les déclarations pertinentes de son président,

Rappelant également sa résolution 1382 (2001) du 29 novembre 2001 et son intention de l'appliquer intégralement,

Considérant la menace que le non-respect par l'Irak des résolutions du Conseil et la prolifération d'armes de destruction massive et de missiles à longue portée font peser sur la paix et la sécurité internationales,

Rappelant que, dans sa résolution 678 (1990), il a autorisé les États membres à user de tous les moyens nécessaires pour faire respecter et appliquer la résolution 660 (1990) et toutes les résolutions pertinentes adoptées ultérieurement et pour rétablir la paix et la sécurité internationales dans la région,

Rappelant également que sa résolution 687 (1991) imposait des obligations à l'Irak en tant que mesure indispensable à la réalisation de son objectif déclaré du rétablissement

* Texte intégral, dans sa version française officielle, de la résolution 1441 sur le désarmement irakien adoptée à l'unanimité, le 8 novembre 2002, par les quinze membres du Conseil de sécurité de l'ONU. Ce texte était parrainé par les États-Unis et le Royaume-Uni.

de la paix et de la sécurité internationales dans la région,

Déplorant que l'Irak n'ait pas fourni d'état définitif, exhaustif et complet, comme il est exigé dans la résolution 687 (1991), de tous les aspects de ses programmes de mise au point d'armes de destruction massive et de missiles balistiques d'une portée supérieure à 150 kilomètres et de tous les stocks d'armes de ce type, des composantes, emplacements et installations de production ainsi que de tous autres programmes nucléaires, y compris ceux dont il affirme qu'ils visent des fins non associées à des matériaux pouvant servir à la fabrication d'armes nucléaires,

Déplorant également que l'Irak ait à plusieurs reprises empêché l'accès immédiat, inconditionnel et sans restriction à des sites désignés par la Commission spéciale des Nations unies et par l'Agence internationale de l'énergie atomique (AIEA), n'ait pas coopéré sans réserve et sans condition avec les inspecteurs des armements de la Commission spéciale et de l'AIEA, comme il est exigé dans la résolution 687 (1991), et ait finalement cessé toute coopération avec la Commission spéciale et l'AIEA en 1998,

Déplorant l'absence depuis décembre 1998 de contrôle, d'inspection et de vérification internationaux en Irak des armes de destruction massive et des missiles

balistiques, comme l'exigeaient les résolutions pertinentes, alors que le Conseil avait exigé à plusieurs reprises que l'Irak accorde immédiatement, inconditionnellement et sans restriction les facilités d'accès voulues à la Commission de contrôle, de vérification et d'inspection des Nations unies créée par la résolution 1264 (1999) pour succéder à la Commission spéciale, et à l'AIEA, et regrettant la persistance résultante de la crise dans la région et des souffrances du peuple irakien,

Déplorant aussi que le gouvernement irakien ait manqué à ses engagements en vertu de la résolution 687 (1991) pour ce qui est de mettre fin à la répression de sa population civile et d'autoriser l'accès des organisations humanitaires internationales à toutes les personnes ayant besoin d'aide en Irak, en vertu des résolutions 686 (1991), 687 (1991) et 1284 (1999) pour ce qui est du rapatriement et de l'identification des nationaux du Koweït et d'États tiers détenus illégalement par l'Irak, ou la restitution de biens koweïtiens saisis illégalement par l'Irak,

Rappelant que, dans sa résolution 687 (1991), il a déclaré qu'un cessez-le-feu reposerait sur l'acceptation par l'Irak des dispositions de cette résolution, y compris des obligations imposées à l'Irak par ladite résolution, Résolu à assurer le respect intégral et immédiat par l'Irak, sans condition ni restriction, des obligations que lui imposent la résolution 687 (1991) et d'autres résolutions pertinentes, et rappelant que les résolutions du Conseil de sécurité établissent les critères permettant de juger du respect par l'Irak de ses obligations,

Rappelant que le fonctionnement effectif de la Commission, qui a succédé à la Commission spéciale, et de l'AIEA est indispensable à l'application de la résolution 687 (1991) et d'autres résolutions pertinentes,

Notant que la lettre datée du 16 septembre 2002, adressée au secrétaire général par le ministre des Affaires étrangères de l'Irak, constitue une première étape nécessaire pour que l'Irak mette un terme à ses manquements persistants aux résolutions pertinentes du Conseil,

Prenant note de la lettre datée du 8 octobre 2002, adressée au général Al-Saadi, du gouvernement irakien, par le président exécutif de la Commission de contrôle, de vérification et d'inspection des Nations unies et le directeur général de l'AIEA, énonçant les modalités pratiques, établies pour donner suite à leur réunion à Vienne, qui sont les conditions préalables à la reprise des inspections en Irak par la Commission et l'AIEA, et se déclarant extrêmement préoccupé par la persistance du gouvernement irakien à ne pas confirmer les modalités énoncées dans ladite lettre ;

Réaffirmant l'attachement de tous les États membres à la souveraineté et à l'intégrité territoriale de l'Irak, du Koweït et des États voisins,

Se félicitant des efforts que font le secrétaire général et les membres de la Ligue des États arabes et son secrétaire général,

Résolu à assurer la pleine application de ses décisions,

Agissant en vertu du chapitre VII de la Charte des Nations unies,

1. Décide que l'Irak est et demeure en violation substantielle des obligations que lui imposent les résolutions pertinentes, notamment la résolution 687 (1991), en particulier en ne collaborant pas avec les inspecteurs des Nations unies et de l'AIEA, en ne prenant pas les mesures exigées aux paragraphes 8 à 13 de la résolution 687 (1991) ;

1 *bis*. Décide, tout en tenant compte du paragraphe 1 ci-dessus, d'accorder à l'Irak par la présente résolution une dernière possibilité de s'acquitter des obligations en matière de désarmement qui lui incombent en vertu des résolutions pertinentes du Conseil, et décide en conséquence d'instituer un régime d'inspection renforcé dans le but de parachever de façon complète et vérifiée le processus de désarmement établi par la résolution 687 (1991) et les résolutions ultérieures du Conseil ;

3. Décide qu'afin de commencer à s'acquitter de ses obligations en matière de désarmement, le gouvernement irakien, outre les déclarations qu'il doit présenter deux fois par an, lui fournira, ainsi qu'à la Commission et à l'AIEA, au plus tard trente jours à compter de la date de la présente résolution, une déclaration à jour, exacte et complète sur tous les aspects de ses programmes de mise au point d'armes chimiques, biologiques et nucléaires, de missiles balistiques et d'autres vecteurs tels que véhicules aériens sans pilote et systèmes de dispersion conçus de manière à être utilisés sur des aéronefs, y compris les dotations et les emplacements précis de ces armes, composants, sous-composants, stocks d'agents et matières et équipements connexes, l'emplacement et les activités de ses installations de recherche, de mise au point et de production, ainsi que tous les autres programmes chimiques, biologiques et nucléaires, y compris tous ceux que l'Irak déclare comme servant à des fins autres que la production d'armes ou de matières ;

4. Décide que la présentation d'informations fausses ou l'existence d'omissions dans les déclarations soumises par l'Irak en application de la présente résolution et le fait de ne pas se conformer à tout moment à la présente résolution et de ne pas coopérer pleinement à son application constitueront une nouvelle violation substantielle des obligations de l'Irak et seront signalés au Conseil aux fins d'évaluation conformément aux dispositions des paragraphes 11 et 12 ci-dessous

5. Décide que l'Irak permettra à la Commission et à l'AIEA d'accéder immédiatement, sans entrave, inconditionnellement et sans restriction à la totalité des zones, installations, équipements, relevés et moyens de transport qu'elles souhaitent inspecter, y compris sous terre, et d'accéder à tous les fonctionnaires et autres personnes que la Commission ou l'AIEA souhaitent entendre, selon des modalités ou dans des emplacements que choisiront la Commission ou l'AIEA, dans l'exercice de leurs mandats respectifs sous tous leurs aspects ; décide en outre que la Commission et l'AIEA pourront à leur gré mener des entretiens dans le pays ou à l'extérieur, qu'elles pourront faciliter le voyage à l'étranger des personnes interrogées et des membres de leur famille et que, lorsque la Commission et l'AIEA le jugeront bon, ces entretiens pourront se dérouler sans la présence d'observateurs du gouvernement irakien ; donne pour instruction à la Commission et demande à l'AIEA de reprendre les inspections au plus tard 45 jours après l'adoption de la présente résolution et de le tenir informé dans les 60 jours qui suivront ;

6. Approuve la lettre datée du 8 octobre 2002, adressée au général Al-Saadi, du gouvernement irakien, par le président exécutif de la Commission et le directeur général de l'AIEA, dont le texte est annexé à la présente résolution, et décide que le contenu de cette lettre aura force obligatoire pour l'Irak ;

7. Décide en outre qu'en raison de l'interruption prolongée par l'Irak de la présence de la Commission et de l'AIEA et afin qu'elles puissent accomplir les tâches énoncées dans la présente résolution et dans toutes les résolutions pertinentes antérieures, d'établir les règles révisées ou supplémentaires suivantes, qui auront force obligatoire pour l'Irak, afin de faciliter leur travail en Irak :

— la Commission et l'AIEA détermineront la composition de leurs équipes d'inspection et veilleront à ce qu'elles comprennent les experts les plus qualifiés et les plus expérimentés qui soient disponibles ;

— tout le personnel de la Commission et de l'AIEA jouira des privilèges et immunités, correspondant à ceux des experts en mission, qui sont prévus par la Convention sur les privilèges et immunités des Nations unies et par l'Accord sur les privilèges et immunités de l'AIEA ;

— la Commission et l'AIEA auront le droit d'entrer en Irak et d'en sortir sans restriction, le droit de se déplacer librement, sans restriction et dans l'immédiat à destination et en provenance des sites d'inspection, et le droit d'inspecter tous les sites et bâtiments, y compris d'accéder immédiatement, sans entrave, inconditionnellement et sans restriction aux sites présidentiels et dans les mêmes conditions qui s'appliquent à tous les autres sites, malgré les dispositions de la résolution 1154 (1998) ;

— la Commission et l'AIEA auront le droit d'être informées par l'Irak du nom de toutes les personnes qui sont ou ont été associées aux programmes irakiens dans les domaines chimique, biologique, nucléaire et des missiles balistiques ainsi qu'aux installations de recherche, de mise au point et de production qui y sont rattachées ;

— la sécurité des installations de la Commission et de l'AIEA sera assurée par un nombre suffisant de gardes de sécurité de l'Organisation des Nations unies ;

— la Commission et l'AIEA auront le droit, afin de bloquer un site à inspecter, de déclarer des zones d'exclusion, zones voisines et couloirs de transit compris, dans lesquelles l'Irak interrompra les mouvements terrestres et aériens de façon que rien ne soit changé dans un site inspecté ou enlevé de ce site ;

— la Commission et l'AIEA pourront utiliser et faire atterrir librement et sans restriction des aéronefs à voilure fixe et à voilure tournante, y compris des véhicules de reconnaissance avec ou sans pilote ;

— la Commission et l'AIEA auront le droit d'enlever, de détruire ou de neutraliser, selon qu'ils le jugeront bon et de manière vérifiable, la totalité des armes, sous-systèmes, composants, relevés, matières et autres articles prohibés s'y rapportant, et de saisir ou de fermer toute installation ou tout équipement servant à leur fabrication ;

— la Commission et l'AIEA auront le droit d'importer et d'utiliser librement les équipements ou les matières nécessaires pour les inspections et de confisquer et d'exporter tout équipement, toute matière ou tout document saisi durant les inspections, sans que les membres de la Commission et de l'AIEA et leurs bagages officiels et personnels soient fouillés ;

8. Décide en outre que l'Irak n'accomplira ou ne menacera d'accomplir aucun acte d'hostilité à l'égard de tout représentant ou de tout membre du personnel de l'Organisation des Nations unies ou de l'AIEA, ou de tout État membre agissant en vue de faire respecter toute résolution du Conseil ;

9. Prie le secrétaire général de porter immédiatement la présente résolution à la connaissance de l'Irak, qui a force obligatoire pour ce pays, exige que l'Irak confirme, dans les sept jours qui suivront cette notification, son intention de respecter pleinement les termes de la présente résolution, et exige en outre que l'Irak coopère immédiatement, inconditionnellement et activement avec la Commission et l'AIEA ;

10. Prie tous les États membres d'accorder leur plein appui à la Commission et à l'AIEA dans l'exercice de leur mandat, y compris en fournissant toute information relative aux programmes interdits ou autres aspects de leur mandat, y compris les tentatives faites depuis 1998 par l'Irak pour acquérir des articles prohibés et en recommandant des sites à inspecter, des personnes à interroger, ainsi que les conditions des entretiens, et des données à recueillir, le résultat de ces activités devant être porté à la connaissance du Conseil par la Commission et l'AIEA ;

11. Donne pour instruction au président exécutif de la Commission et au directeur général de l'AIEA de lui signaler immédiatement toute ingérence de l'Irak dans les activités d'inspection ainsi que tout manquement de l'Irak à ses obligations en matière de désarmement, y compris ses obligations relatives aux inspections découlant de la présente résolution ;

12. Décide de se réunir immédiatement, dès réception d'un rapport conformément au paragraphe 11 ci-dessus, afin d'examiner la situation ainsi que la nécessité du respect intégral de toutes ses résolutions

pertinentes, en vue d'assurer la paix et la sécurité internationales ;

13. Rappelle, dans ce contexte, qu'il a averti à plusieurs reprises l'Irak des graves conséquences auxquelles celui-ci aurait à faire face s'il continuait à manquer à ses obligations ;

14. Décide de demeurer saisi de la question.

Irak : chronologie 1914-2003*

1914-1990

Décembre 1914. - Débarquement d'un corps expéditionnaire britannique dans le Chatt Al-Arab.

1916. - L'accord franco-britannique Sykes-Picot organise le démantèlement de l'Empire ottoman.

11 mars 1917. - Sir Stanley Maud prend Bagdad à la tête de ses troupes. L'Irak devient britannique.

Octobre 1918. - Le général Marshall occupe Mossoul et Kirkouk pour la Couronne britannique, en violation des accords avec les Français.

13 août 1921. - Fayçal, l'un des fils du chérif hachémite de La Mecque, est nommé roi d'Irak par les Britanniques. Un second fils du chérif, Abdallah, est devenu pour sa part roi de Transjordanie, qui deviendra la Jordanie. L'un de ses descendants est toujours sur le trône.

Septembre 1922. - Première tentative de sécession du Kurdistan irakien, réprimée par les Britanniques.

15 octobre 1927. - Extraction du premier pétrole irakien.

31 juillet 1928. - L'Iraq Petroleum Company obtient l'exclusivité de l'exploitation irakien. Elle appartient pour 47 % aux

---

* Sources : *The Washington Post*, Congressional Research Service, *Le Monde*, *Courrier international*, *Encyclopædia Universalis* version 8, Center for Defense Information, Department of Defense, US Central Command. Et également : Pierre-Jean LUIZARD, *La Question irakienne*, Fayard, Paris, 2002.

Britanniques (Royal Dutch Shell et Anglo-Persian, future British Petroleum), 24 % aux Français, 24 % aux Américains (US Nedec), 5 % à l'homme d'affaires turco-arménien Calliouste Gulbenkian.

28 avril 1937. - Naissance de Saddam Hussein à Takrit.

30 juin 1939. - Londres accorde une pseudo-indépendance à Bagdad, en conservant la mainmise sur la société pétrolière exploitant les filon irakiens (IPC Iraq Petroleum Company), mais aussi sur l'armée, la police et les finances.

1er avril 1941. - Coup d'État de Rachid Ali Al Gaylani, avec l'appui de l'Allemagne nazie. Le roi Fayçal est rapidement rétabli par les Britanniques.

1955. - Signature du pacte de Bagdad entre le Pakistan, l'Iran, l'Irak et la Turquie, sous l'égide de l'OTAN. Lycéen, Saddam Hussein milite clandestinement au parti Baas.

14 juillet 1958. - Fomenté par des officiers nationalistes arabes dirigés par Abdelkarim Kassem, un coup d'État renverse et tue le roi Fayçal, petit-fils du premier monarque. La République est instituée

7 octobre 1959. - Tentative d'assassinat d'Abdelkarim Kassem par plusieurs jeunes

officiers, dont l'un, âgé de vingt-deux ans, est blessé et doit s'exiler après une condamnation à mort par contumace. Il s'appelle Saddam Hussein Al-Takriti.

Juin 1961. - Indépendance du Koweït.

3 février 1963. - Abdelkarim Kassem fait arrêter plusieurs dirigeants du parti Baas.

8 février 1963. - Révolution du 14 Ramadan. Abdelkarim Kassem est renversé par le parti Baas. Il est exécuté et remplacé par Abdel Salam Aref, tandis que la milice du Baas, la garde nationale, se livre à une répression effroyable, notamment contre les communistes. Saddam Hussein rentre de son exil syrien à cette occasion. Le Baas est progressivement évincé du pouvoir.

13 avril 1966. - Abdel Salam Aref meurt dans un accident d'hélicoptère. Son frère Abdel Rahman Aref le remplace.

17 juillet 1968. - Un nouveau coup d'État, organisé cette fois par le Baas, permet à ce dernier de reprendre le pouvoir. Les deux hommes forts du nouveau régime sont le général Ahmad Hassan Al-Bakr et son cousin Saddam Hussein, tous deux natifs de Takrit.

Novembre 1969. - Saddam Hussein entre au Conseil de commandement de la révolution. Il prend en main tous les organes de sécurité et installe ses fidèles à tous les échelons administratifs, policiers et militaires.

11 mars 1970. - Accord entre le gouvernement central et les Kurdes, qui met provisoirement fin à une guerre incessante depuis les années 1940. Un pacte secret lie le PDK de Mustapha Barzani aux États-Unis : en cas de reprise de la guerre contre Bagdad, le PDK bénéficierait de l'appui de l'armée du shah d'Iran.

1972. - Nationalisation de l'Iraq Petroleum Company. C'est le début de la coopération massive, civile et militaire, entre l'URSS et l'Irak.

6 mars 1975. - Accord entre Saddam Hussein et le shah d'Iran. Le premier accède à une revendication territoriale iranienne. Le second abandonne son soutien aux Kurdes.

1978. - Le ministère de l'Intérieur compte 150 000 agents, soit le quart des fonctionnaires irakiens.

1979. - Mort de Mustapha Barzani, chef historique du PDK. Le parti est repris par ses deux fils, Idriss (mort en 1987) et Massoud Barzani. Les opposants à Barzani créent un nouveau parti, l'UPK (Union patriotique du Kurdistan), que dirige Jalal Talabani.

16 juillet 1979. - Ahmad Hassan Al-Bakr démissionne. Saddam Hussein devient président, seul maître à bord.

18 juillet 1979. - Saddam Hussein convoque les hauts responsables du parti Baas, les fait arrêter en public par la police. Vingt et un d'entre eux sont immédiatement condamnés à mort et exécutés.

22 septembre 1980. - Saddam Hussein déclenche une guerre contre l'Iran, passé l'année précédente aux mains des intégristes islamistes chiites. Bagdad reçoit l'appui de plusieurs pays étrangers, dont la France et l'URSS, qui lui envoient en quantité des armes de tous types, et les États-Unis qui fournissent une aide précieuse en matière de renseignement. Ces États, de même que les pays arabes, soutiennent l'Irak pour enrayer la contagion intégriste iranienne. L'armée irakienne fait une percée de dix kilomètres en territoire iranien, zone contenant 90 % des réserves pétrolières du pays.

1983. - Agressé, l'Iran se défend avec vigueur et occupe des territoires irakiens. Les grandes puissances sont satisfaites : aucun belligérant n'a gagné, les frontières issues de la décolonisation ne sont pas remises en cause. La guerre a provoqué un million de morts.

Décembre 1983. - Durant la guerre, les Kurdes se divisent encore davantage : le PDK de Massoud Barzani s'allie à l'Iran, à la fois contre les Kurdes iraniens et contre l'armée irakienne. L'UPK de Jalal Talabani soutient en revanche les Kurdes iraniens.

20 décembre 1983. - Donald Rumsfeld, le président de la firme pharmaceutique G.D. Searle & Co, est envoyé par le président Ronald Reagan pour discuter avec Saddam Hussein des moyens que les États-Unis peuvent mettre à sa disposition. Les États-Unis fourniront des renseignements indispensables à la guerre contre l'Iran, puis des souches de toxiques destinés à la guerre chimique et bactériologique.

1984. - Saddam Hussein commence à utiliser des gaz de combat contre les soldats iraniens. Cette utilisation ne soulève que de maigres protestations internationales.

30 juillet 1987. - Création du FKI (Front du Kurdistan irakien), rassemblant le PDK, l'UPK et le PCI (Parti communiste irakien)

17 mars 1988. - Le PDK et l'UPK, alliés aux Gardiens de la révolution iraniens, couronnent une offensive militaire par la prise de la ville kurde de Halabja. Cette offensive a été marquée par la destruction massive de villages kurdes par l'armée irakienne, et l'utilisation de gaz de combat contre les populations civiles.

22 mars 1988. - Saddam Hussein utilise des gaz de combat contre la population kurde de Halabja ; plusieurs milliers de personnes sont tuées.

8 août 1988. - Cessez-le-feu et fin de la guerre Iran-Irak. Elle a fait un million de morts.

9 août 1988. - En violation des accords signés au sein de l'OPEP, le Koweït augmente sa production pétrolière.

2 août 1990. - Reprochant au Koweït de ne pas lui avoir payé son écot alors qu'il a protégé l'émirat des visées iraniennes sur les pétromonarchies du Golfe, Saddam Hussein envahit le Koweït. Il contrôle dès lors 20 % de la production pétrolière mondiale.

8 août 1990. - Alors que les premiers soldats américains arrivent en Arabie saoudite pour l'opération *Desert Shield* (« Bouclier du désert »), Saddam Hussein annexe le Koweït, qui devient une province de l'Irak.

1991

17 janvier. - Déclenchement de l'opération *Desert Storm* (« Tempête du désert »).

Février. - Le Parti démocratique du Kurdistan (PDK) de Massoud Barzani organise un soulèvement dans le nord-ouest de l'Irak, dont il contrôle plusieurs villes.

24 février. - Offensive terrestre de la coalition contre l'Irak. Les États-Unis incitent les populations civiles irakiennes à se révolter contre Saddam Hussein.

27 février. - Le président George H. W. Bush refuse de poursuivre l'offensive terrestre jusqu'à Bagdad et annonce la fin des opérations militaires. La guerre a provoqué 200 morts dans les troupes de la coalition, et environ 100 000 parmi les soldats irakiens. Bagdad évoque en outre 35 000 morts civils.

28 février. - Saddam Hussein accepte le cessez-le-feu.

2 mars. - Déclenchement d'un soulèvement chiite à Bassorah, dirigé par l'Assemblée suprême de la révolution islamique en Irak, mouvement d'opposition en exil présidé par l'hodjatoleslam Mohamed Bakr el-Hakim. Comme les chiites au sud, les Kurdes au nord vont croire au soutien américain et se soulèvent.

3 mars. - Cessez-le-feu entre l'Irak et la coalition ayant mené l'opération *Desert Storm*.

6 mars. - Ali Hassan Al-Majid, dit le « boucher du Kurdistan », devient ministre de l'Intérieur.

16 mars. - Saddam Hussein annonce l'écrasement de la rébellion chiite.

3 avril. - Résolution 687 de l'ONU. L'UNSCOM et l'AEIA sont chargées de rechercher et de démanteler les armes nucléaires, biologiques et chimiques de l'Irak, ainsi que leurs vecteurs. L'armée irakienne reprend Sulaymaniyah, tenue par les séparatistes kurdes (appelés également peshmergas). Des centaines de milliers de Kurdes prennent le chemin de l'exil vers la Turquie.

5 avril. - Résolution 688 de l'ONU, qui interdit à l'Irak de poursuivre la répression contre les Kurdes au nord, et les chiites au sud.

10 avril. - Mise en place de l'opération *Northern Watch*, interdisant les vols de l'armée irakienne au nord du 36ᵉ parallèle. L'armée irakienne doit évacuer le Kurdistan irakien.

14 avril. - L'ONU accepte la création dans le nord de l'Irak d'une zone protégée pour les Kurdes, dont la sécurité est garantie par les Alliés dans le cadre de la mission *Poised Hammer*. L'opération humanitaire *Provide Comfort* se terminera en 1996. Les chiites du Sud sont abandonnés à leur sort par la communauté internationale, États-Unis en tête, qui ne veut pas voir cette communauté représentant 60 % de la population irakienne prendre le pouvoir, et nouer des alliances avec l'Iran khomeyniste.

18 avril. - Pendant l'exode de la population kurde, le PDK de Massoud Barzani et l'UPK de Jalal Talabani négociaient avec Bagdad ; le 18, un cessez-le-feu est signé.

24 avril. - Jalal Talabani annonce un accord avec le gouvernement de Bagdad. Très vite, la situation se dégrade entre les différents groupes kurdes et leurs dirigeants concurrents, incapables de s'entendre.

1992

19 mai. - Élection d'un Parlement kurde qui ne départage pas les deux principales formations.

Août. - Mise en place de l'opération *Southern Watch*, interdisant les vols de l'armée irakienne au sud du 32ᵉ parallèle afin de protéger les populations civiles chiites.

Les États-Unis, le Royaume-Uni et la France y participent.

4 octobre. - Proclamation par le Parlement kurde d'un « État fédéré kurde d'Irak du Nord ». Sa seule ressource est constituée par le prélèvement d'une taxe sur le pétrole de contrebande exploité à Mossoul et vendu par Bagdad.

1993

13 janvier. - Raid des aviations américaine, britannique et française dans le sud de l'Irak contre des installations militaires.

17 janvier. - À la suite d'un nouveau refus de l'Irak de garantir la sécurité des vols de l'ONU au-dessus de son territoire, les Américains bombardent un complexe industriel de la banlieue de Bagdad, soupçonné de cacher des activités nucléaires.

18 janvier. - Raid des aviations américaine, britannique et française dans le sud de l'Irak contre des installations militaires.

19 janvier. - Bagdad autorise l'ONU à reprendre ses vols.

14 avril. - Tentative d'assassinat contre George H. W. Bush au Koweït, à l'aide d'une voiture piégée par 95 kg d'explosifs.

26 juin. - Les navires de guerre américains *USS Peterson* et *USS Chancellorsville* tirent vingt-trois missiles de croisière Tomahawk, entre autres contre le quartier général des services de renseignement à Bagdad, en représailles de la tentative d'assassinat contre George H. W. Bush au Koweït, en avril.

1994

15 octobre. - Résolution de l'ONU interdisant à l'Irak de déployer des forces dans le sud de son territoire.

24 novembre. - L'Union patriotique du Kurdistan (UPK) de Jalal Talabani et le PDK de Massoud Barzani signent un accord. Les combats reprennent un mois plus tard.

1995

8 janvier. - Nouvel accord de cessez-le-feu entre les factions kurdes, sous l'égide du Congrès national irakien.

20 mars. - L'armée turque lance une offensive dans le nord du territoire irakien contre les bases arrière du PKK (Parti des travailleurs du Kurdistan, marxiste-léniniste) situées dans la zone d'exclusion instaurée en 1991. Ankara retire ses troupes le 4 mai.

Avril. - Résolution 986 de l'ONU : elle prévoit une levée partielle de l'embargo pétrolier, pour l'équivalent de 2 milliards de dollars et pour une période de six mois renouvelable ; les sommes recueillies doivent permettre de subvenir aux besoins essentiels de la population en nourriture et en médicaments.

17 mai. - Des émeutes éclatent à Ramadi, à l'ouest de Bagdad : la répression fait plusieurs dizaines de morts.

17 août. - Les combats reprennent entre l'UPK et le PDK dans le nord du pays.

23 août. - L'UPK pro-iranien de Jalal Talabani et le PDK pro-irakien de Massoud Barzani signent un cessez-le-feu sous l'égide des États-Unis.

31 août. - Aidé par l'armée irakienne, le PDK lance une offensive en direction d'Erbil, principale ville du Kurdistan irakien située dans la zone d'exclusion aérienne surveillée depuis avril 1991 par une force multinationale

3 septembre. - Washington annonce l'extension du 32ᵉ au 33ᵉ parallèle de la zone d'exclusion créée en août 1992. Les États-Unis bombardent des installations militaires près de Bagdad et dans le sud du pays.

9 septembre. - Le PDK conquiert Sulaymanyah, ce qui permet à Bagdad de contrôler l'ensemble du Kurdistan. Le chef de l'UPK se réfugie en Iran.

11 septembre. - Tirs de missiles antiaériens contre des avions américains.

15 septembre. - Les États-Unis commencent à évacuer certains des 2 500 collaborateurs kurdes qu'ils comptaient dans le nord du pays.

15 octobre. - Saddam Hussein est élu président pour sept ans, avec 99,96 % des voix.

10 décembre. - Entrée en vigueur de l'accord « pétrole contre nourriture ».

20 décembre. - L'Irak signe avec l'ONU un mémorandum sur l'application de la résolution 986 d'avril 1995.

1996

Août. - Massoud Barzani, du PDK, dont les positions sont mises à mal par la pression militaire de l'UPK, demande le soutien de Saddam Hussein. Sa garde républicaine entre à Erbil et en chasse l'UPK, tout comme à Suleymaniyeh. Les forces irakiennes en profitent pour éjecter les clandestins et les supplétifs de la CIA au Kurdistan, et pour mettre un terme aux activités des opposants arabes du CNI (Congrès national irakien) d'Ahmed Chalabi, réfugiés au Kurdistan : plusieurs centaines de ses militants sont arrêtés et/ou exécutés.

1997

14 mai. - À la demande du PDK, l'armée turque attaque les bases du PKK en territoire irakien.

16 octobre. - L'Irak menace de ne plus collaborer avec la mission de l'UNSCOM (COCOVINU).

23 octobre. - La résolution 1134 votée par le Conseil de sécurité, sans le soutien de la France ni celui de la Russie et de la Chine, prévoit un recours à la force si l'Irak ne change pas son attitude vis-à-vis de l'UNSCOM.

Novembre. - La Russie demande une « représentation équilibrée » au sein de l'UNSCOM.

3 novembre. - Bagdad demande aux experts américains de l'UNSCOM de quitter l'Irak.

12 novembre. - La résolution 1137 de l'ONU renforce les sanctions contre l'Irak.

13 novembre. - Les six membres américains de l'UNSCOM sont expulsés d'Irak.

14 novembre. - L'UNSCOM retire d'Irak l'ensemble de son personnel.

20 novembre. - Bagdad accepte le retour en Irak de tous les membres de l'UNSCOM.

27 novembre. - Bagdad refuse aux membres de l'UNSCOM l'accès aux sites d'inspection situés dans des palais présidentiels de Saddam Hussein.

1998

Fin de la guerre entre l'UPK et le PDK au Kurdistan, par un accord de quasi-partition : le PDK, proche de la Turquie, dirige la région kurmandji (au nord, autour de Zakho) et l'UPK, proche de Téhéran, la région soran (au sud), autour de Suleymaniyeh.

Janvier. - L'Irak interdit plusieurs sites « sensibles » aux inspecteurs de l'UNSCOM.

13 janvier. - Nouveau refus d'accès à un site d'inspection.

24 janvier. - Les États-Unis envisagent un recours à la force armée contre l'Irak, même en dehors d'un mandat de l'ONU.

23 février. - Le secrétaire général de l'ONU Kofi Annan signe avec le vice-Premier ministre irakien Tarek Aziz un texte qui « lève les obstacles à l'application des résolutions du Conseil de sécurité » relatives au désarmement de l'Irak et à son contrôle.

3 mars. - Résolution 1154 de l'ONU : elle met en garde l'Irak contre les conséquences de la violation des engagements pris en février auprès de Kofi Annan.

26 mars. - Début de l'inspection des huit sites « présidentiels » irakiens par l'UNSCOM.

5 août. - Bagdad annonce son intention de ne plus coopérer avec l'UNSCOM et avec l'AIEA (Agence internationale de l'énergie atomique), et interdit à l'UNSCOM de visiter de nouvelles installations.

31 octobre. - Interdiction totale des inspections de l'ONU par les Irakiens.

Novembre. - Le Pentagone fait savoir que les opérations dans le golfe Arabo-Persique menées depuis la guerre de 1991 ont coûté 6,9 milliards de dollars au Trésor américain.

5 novembre. - Adoption à l'ONU de la résolution 1205, qui « exige » de Bagdad la reprise de la coopération avec l'UNSCOM.

11 novembre. - L'ONU retire d'Irak deux cent trente membres de l'UNSCOM.

14 novembre. - Les États-Unis retardent de 24 heures les frappes décidées unilatéralement. L'Irak accepte la reprise des inspections.

15 décembre. - Richard Butler, chef de l'UNSCOM, écrit que l'Irak ne respecte pas les engagements de pleine coopération pris le 14 novembre.

16 décembre. - Début de l'opération *Desert Fox* de bombardement de l'Irak par les forces américaines et britanniques, sans mandat de l'ONU. Première vague d'attaques, impliquant deux cents missiles de croisière et soixante-dix avions de l'US Navy et du Marine Corps.

18 décembre. - Troisième vague d'attaques de *Desert Fox* ; participation de bombardiers B-1, dont c'est le baptême du feu.

20 décembre. - Fin de l'opération *Desert Fox* ordonnée par Bill Clinton. 415 missiles et 600 bombes largués sur 97 objectifs militaires et logistiques. Dont : production et stockage d'armement : vingt-neuf ; garde républicaine : neuf ; centre de commandement et de contrôle gouvernementaux : vingt ; systèmes anti-aériens : trente-deux ; terrains d'aviation : six ; raffinerie de pétrole : une. Bilan humain : 62 militaires irakiens tués, 180 blessés (source irakienne) ; 1 400 militaires irakiens tués ou blessés (source américaine).

26 décembre. - Série de tirs contre les avions américains et britanniques, durant plusieurs jours.

1999

3 janvier. - Saddam Hussein offre une prime de 14 000 dollars pour tout avion abattu, et de 2 800 dollars pour tout pilote fait prisonnier.

5 janvier. - Multiples accrochages entre avions américains et irakiens.

27 janvier. - Le Pentagone change ses règles d'engagement et autorise des frappes plus larges après des violations de la zone d'interdiction de survol.

19 février. - L'assassinat de l'ayatollah Mohamad Sadeq El Sadr, membre de la hiérarchie chiite, est le troisième depuis 1998, après deux précédents assassinats en 1979 et 1992. Ce nouveau meurtre déclenche trois jours d'émeutes dans le sud du pays, sauvagement réprimées.

Mai. - Les autorités américaines reconnaissent que certains de ses avions ont pu confondre des cibles militaires avec des installations civiles.

20 août. - Le Pentagone déclare que des photographies montrent à Mossoul des systèmes antiaériens à quarante-cinq mètres de maisons d'habitation.

17 décembre. - Le Conseil de sécurité propose la suspension des sanctions imposées à l'Irak depuis la guerre du Golfe, y compris l'embargo pétrolier, contre de nouvelles règles d'inspection par l'UNSCOM. Bagdad rejette aussitôt cette proposition.

2000

8 mai. - Le chef de l'opération *Northern Watch* déclare que ses avions sont à portée de tirs irakiens jusqu'à 12 000 mètres d'altitude.

15 juin. - Le chef de la défense antiaérienne irakienne déclare que ses forces ont intercepté ou détruit cent missiles antiradiation HARM visant des radars.

24 juillet. - Le chef de l'opération *Southern Watch* déclare que les Irakiens n'utilisent pas les radars de leurs systèmes antiaériens, ce qui les rend pratiquement inopérants.

13 septembre. - Le porte-parole de la défense antiaérienne irakienne déclare que ses troupes ont abattu dix avions américains et britanniques depuis le 17 décembre 1998.

2001

16 février. - Vingt-quatre avions américains et britanniques frappent cinq postes de commandement et de contrôle irakiens. Les avions sont restés au-dessus de la *No Fly Zone*, les missiles frappant des installations à l'extérieur de cette zone. Il s'agissait essentiellement de détruire un réseau de communications par fibre optique installé par les Chinois. Plusieurs JDAM manquent leurs cibles, mais les missiles AGM-130 et SLAM se révèlent plus précis.

La France, qui, pas plus que l'ONU, n'avait été avertie du projet de raid américano-britannique, exprime son « incompréhension » et son « malaise » devant ces frappes.

22 février. - Raid de l'aviation américaine au nord de Mossoul.

26 mars. - Dans une note à l'ONU, le gouvernement irakien déclare que les frappes alliées ont tué 315 Irakiens et en ont blessé 965.

19 avril. - Un radar est attaqué et détruit dans le sud de l'Irak.

20 avril. - Un système antiaérien est attaqué et détruit au nord de l'Irak.

18 mai. - Un système antiaérien est attaqué et détruit au sud de Bagdad.

17 juin. - L'ambassadeur irakien aux Nations unies déclare que son pays « fera tout son possible pour abattre des avions américains ».

20 juin. - Selon l'Irak, une frappe américaine sur Mossoul tue vingt-trois Irakiens durant un match de football.

24 juillet. - Un système antiaérien irakien tire en direction d'un avion-espion U2 et le manque de peu.

27 juillet. - Un drone RQ-1B Predator de l'US Air Force disparaît au-dessus de l'Irak. Dans tous les incidents de ce type, Bagdad évoque un succès militaire, et Washington un accident.

29 juillet. - Conseiller à la sécurité nationale, Condoleezza Rice déclare à CNN que « Saddam Hussein se trouve sur l'écran radar de l'administration ».

7 août. - Un système antiaérien est attaqué et détruit au nord de l'Irak.

10 août. - Dans la plus grande opération depuis février, les avions américains et britanniques attaquent une batterie de missiles antiaériens au sud-est de Bagdad, ainsi qu'un radar et un réseau de communication.

11 septembre. - Un drone RQ-1B Predator de l'US Air Force disparaît au-dessus de l'Irak. Destruction du World Trade Center à New York et d'une partie du Pentagone à Washington par des avions détournés. Les pirates de l'air sont liés au groupe Al-Qaïda, dont le chef Oussama Ben Laden revendique les attentats.

7 octobre. - L'ambassadeur américain aux Nations unies demande à l'Irak de ne pas profiter des attentats du 11 septembre pour lancer des attaques contre les groupes d'opposition ou les pays voisins.

10 octobre. - Un drone RQ-1B Predator de l'US Air Force disparaît au-dessus de l'Irak.

19 novembre. - La presse américaine évoque la volonté de Washington de s'en prendre à l'Irak, en raison de ses efforts pour acquérir des armes de destruction massive.

2002

29 janvier. - Dans son discours sur l'état de l'Union, le président américain George W. Bush place l'Irak, avec l'Iran et la Corée du Nord, dans l'« Axe du mal ».

19 mars. - Le directeur de la CIA George Tenet déclare devant la commission des forces armées du Sénat que l'Irak ne semble pas impliqué dans les attentats du 11 septembre.

27 mars. - L'Irak assure lors d'un sommet arabe qu'il respectera l'indépendance du Koweït. Le sommet « rejette catégoriquement » la perspective d'une attaque contre l'Irak.

27 mai. - Un drone RQ-1B Predator de l'US Air Force disparaît au-dessus de l'Irak.

1er juin. - George W. Bush, dans un discours à West Point, promet de s'en prendre « aux pays qui parrainent le terrorisme », mais ne mentionne pas l'Irak.

6 juin. - Le vice-président américain Dick Cheney décrit Saddam Hussein comme un dictateur dont le régime « ne doit jamais être autorisé à menacer les États-Unis avec des armes de destruction massive ».

10 juin. - Donald Rumsfeld, secrétaire à la Défense des États-Unis, affirme que l'Irak « est en train de développer des armes biologiques ».

16 juin. - Le *Washington Post* annonce que George Bush a demandé à la CIA de préparer un plan pour renverser Saddam Hussein.

5 juillet. - Échec des négociations sur le retour en Irak des inspecteurs de l'ONU.

17 juillet. - Tony Blair estime qu'une attaque contre l'Irak est possible sans résolution de l'ONU.

7 août. - Le secrétaire à la Défense des États-Unis, Donald Rumsfeld, déclare : « Si vous demandez si des membres d'Al-Qaïda se trouvent en Irak, la réponse est oui. C'est un fait. »

8 août. - Saddam Hussein : « Tous les empires et les porteurs du cercueil du mal ont été enterrés avec leurs rêves malades quand

175

ils ont voulu faire du mal aux pays arabes ou musulmans. »

18 août. - Gerhard Schröder, chancelier de la République fédérale d'Allemagne : « Je ne peux que déconseiller d'ouvrir un nouveau foyer de crise avec une intervention militaire. »

20 août. - Le chef des inspecteurs de l'ONU, Hans Blix, est invité à Bagdad pour évoquer une possible reprise des inspections.

26 août. - Déclaration du vice-président américain Dick Cheney : « Notre pays ne vivra pas à la merci de terroristes ou de régimes de terreur. Le risque de l'inaction est plus grand que celui de l'action. »

5 septembre. - Déclaration de Jacques Chirac, président de la République française : l'action préventive est une « doctrine extrêmement dangereuse et qui peut avoir des conséquences dramatiques ».

12 septembre. - Déclaration du président américain George W. Bush : « Si le régime irakien nous défie à nouveau, le monde doit agir de façon décisive pour que l'Irak soit mis devant ses responsabilités. Il ne doit pas y avoir de doute sur les objectifs des États-Unis. »

13 septembre. - Tarek Aziz : « Les États-Unis cherchent à contrôler l'Irak et son pétrole et veulent protéger Israël. »

14 septembre. - Déclaration du ministre allemand des Affaires étrangères, Joschka Fisher : « Au vu de tous ces problèmes, nous sommes sceptiques quant à une action militaire. »

19 septembre. - La Maison-Blanche transmet au Congrès un projet de résolution qui permettrait que le président soit « autorisé à utiliser tous les moyens qu'il jugera appropriés, y compris la force, pour faire appliquer les résolutions des Nations unies ».

21 septembre. - Bagdad prévient que « l'Irak n'acceptera pas une nouvelle résolution qui n'est pas conforme à ce qui a été convenu avec le secrétaire général de l'ONU, Kofi Annan ».

24 septembre. - Déclaration de Tony Blair, Premier ministre du Royaume-Uni : « L'état de préparation militaire de Saddam Hussein lui permet d'utiliser certaines de ses armes de destruction massive dans un délai de quarante-cinq minutes après en avoir donné l'ordre. »

11 octobre. - Le *New York Times* rapporte qu'un projet de la Maison-Blanche envisage de placer l'Irak sous autorité militaire américaine, selon un dispositif comparable à celui installé au Japon en 1945.

14 octobre. - 58 000 soldats américains stationnent dans le Golfe.

15 octobre. - Saddam Hussein est réélu à la présidence de la République, avec 100 % des voix.

17 octobre. - Le président français Jacques Chirac considère que « le Moyen-Orient n'a pas besoin d'une guerre supplémentaire ».

8 novembre. - L'ONU adopte la résolution 1441, enjoignant l'Irak d'accueillir des inspections pour le contrôle de ses armements, sous peine d'une intervention militaire.

11 novembre. - George W. Bush : « Si l'action militaire devient nécessaire pour notre propre sécurité, j'engagerai toute la force et la puissance militaires américaines, et nous vaincrons. »

13 novembre. - L'Irak accepte la résolution 1441.

15 novembre. - Cinquante-troisième raid de l'année 2001 sur les zones d'exclusion nord et sud de l'Irak. Selon le Pentagone, Bagdad aurait renforcé ses moyens antiaériens, notamment avec des systèmes SA-2, SA-3 et SA-6 dans les régions de Kirkouk, Kut Al Havy et Al Ramadia. Dans les zones d'exclusion, des batteries mobiles (SA-7 et SA-14) et de missiles SA-16 et SA-18 sont recensées.

25 novembre. - Arrivée à Bagdad des premiers experts de la COCOVINU et de l'AIEA.

30 novembre. - Les inspecteurs visitent deux anciens sites de production de missiles, d'ogives ou d'armes chimiques, au sud et au nord de Bagdad.

1er décembre. - Quatre personnes sont tuées et vingt-sept autres blessées dans des bombardements aériens américano-britanniques au sud du pays, selon Bagdad.

1er décembre. - Les experts inspectent deux sites, dont la base de Khan Bani Saad, ancien centre d'étude de toxiques chimiques ou bactériologiques.

1er décembre. - Importante opération aérienne : treize avions américains et britanniques attaquent plusieurs sites de défense antiaérienne. Cette date marque le véritable début des opérations aériennes contre l'Irak, qui ne vont pas cesser de s'amplifier au cours des semaines suivantes.

2 décembre. - Les inspecteurs se rendent sur le site de Waziriyah, à Bagdad, consacré à la production de missiles Al

Hussein de 650 km de portée, interdits.

3 décembre. - Les inspecteurs visitent le palais Al Sejoud à Bagdad, jugé « sensible ».

4 décembre. - Bagdad, qui dénonce la visite du palais présidentiel, la veille, entraîne des critiques irakiennes. Les experts visitent les sites d'Al Tuwaitha (recherche nucléaire) et d'Al Muthanna (recherche biologique et chimique). La résolution 1447 est adoptée à l'ONU. Elle renouvelle pour six mois le programme « pétrole contre nourriture ».

7 décembre. - L'Irak remet à l'ONU un rapport de 12 000 pages sur ses programmes d'armement. Saddam Hussein présente pour la première fois des excuses au peuple koweïtien pour l'invasion de l'émirat en 1990.

16 décembre. - Début de la quatrième semaine d'inspections. Quatre-vingts sites ont été visités, sans découverte d'armes interdites.

16 décembre. - Les avions américains larguent 480 000 tracts au sud de l'Irak, pour prévenir les soldats irakiens des prochaines attaques contre les réseaux de fibre optique.

17 décembre. - Réunie à Londres par l'administration Bush, l'opposition irakienne adopte une « déclaration politique » promettant que l'Irak se transformera en un État fédéral démocratique.

18 décembre. - Mohamed El-Baradei, directeur de l'AIEA : il n'y a jusqu'à présent « aucune preuve concernant le développement d'un programme nucléaire en Irak depuis 1998 ».

19 décembre. - Destruction de centres de communication de la défense aérienne irakienne à An Nasiriyah et Bassorah.

21 décembre. - 240 000 tracts sont largués par l'aviation américaine sur Al Amarah et As Samawah.

23 décembre. - Neuvième largage de tracts, cette fois au-dessus de Ash Shahtra et Ar Rifa.

24 décembre. - Shaul Mofaz, ministre israélien de la Défense : « Nous sommes prêts à faire face à tout développement. Israël est mieux protégé que jamais. »

26 décembre. - Attaque contre des répéteurs de réseau à fibre optique, à Tallil.

27 décembre. - 240 000 tracts sont largués à Ad Diwaniyah, Ar Rumaytha, et Qawam Al Hamzah.

28 décembre. - Attaque par des avions américains et britanniques d'un système de commandement de missiles sol-air, à Al Kut.

29 décembre. - Attaque par des avions américains de radars à Ad Diwaniyah. Les radars avaient été déplacés et consti-tuaient une menace, selon CENTCOM.

2003

1er janvier. - Attaque par des avions américains et britan-niques de radars à Al Qurnah.

4 janvier. - 240 000 tracts sont largués sur Al Amarah et As Samawah.

5 janvier. - Selon le *Boston Globe*, cent officiers des forces spéciales et cinquante agents de la CIA opèrent en territoire kurde irakien depuis septembre 2002.

6 janvier. - Attaque par des avions américains de radars mobiles à Al Amarah. Attaque contre des répéteurs de réseau à fibre optique.

10 janvier. - Attaque contre des répéteurs de réseau à fibre optique, à Tallil.

11 janvier. - Le porte-avions britannique *Ark-Royal* quitte Portsmouth à la tête d'une escadre.

13 janvier. - Attaque d'une batterie de missiles antisurface non loin de Bassorah. Selon le

Central Command, la batterie « menaçait des navires de la coalition croisant au nord du Golfe ».

13 janvier. - Quatorzième largage de tracts, cette fois sur An Najaf.

18 janvier. - Largage de 180 000 tracts sur Al Kut, notamment pour indiquer à la population la fréquence des radios militaires américaines diffusant des informations sur les inspections et sur le rôle de Saddam Hussein.

19 janvier. - Des avions améri-cains et britanniques détruisent à Al Kut et An Nasiriyah huit répéteurs de réseau à fibre optique participant au réseau irakien de défense aérienne. Des avions larguent par ailleurs 360 000 tracts de propagande au-dessus des villes de Ar Rumaythah, Qawam Al Hamazah, Ash Shahtra, Ar Riffa, Qal'at Sukkar et Al Majar.

22 janvier. - Un drone RQ-1A Predator est abattu au sud de l'Irak.

22 janvier. - À l'occasion de la célébration du quarantième anni-versaire du traité de l'Élysée, les présidents français et allemand, Jacques Chirac et Gerhard Schröder, réitèrent solennelle-ment leur détermination de trouver une issue pacifique à la crise en Irak.

Répondant à la déclaration franco-allemande, Donald Rumsfeld lance : « Je ne vois pas l'Europe comme étant l'Allemagne et la France. Je pense que c'est la vieille Europe. Si vous regardez l'Europe entière, son centre de gravité passe à l'Est. »

23 janvier. - 240 000 tracts sont largués au-dessus de la ville d'Al Amarah. Ils invitent les soldats irakiens à ne pas réparer les installations détruites par l'US Air Force et la Royal Air Force.

24 janvier. - 360 000 tracts sont largués sur An Najaf, Umm Qasr et Al Zubayr. Un centre de commandement de la défense aérienne est attaqué à Al Haswah. Sa présence constituait une « menace hostile » pour les avions patrouillant au-dessus de cette zone.

25 janvier. - Des avions américains et britanniques détruisent à Tallil une batterie antiaérienne qui avait visé des appareils.

26 janvier. - Nouvelle attaque contre des répéteurs de réseau à fibre optique, à Al Kut et An Nasiriyah, déjà visés une semaine plus tôt.

27 janvier. - Remise au Conseil de sécurité du premier rapport des inspecteurs du désarmement.

30 janvier. - Huit dirigeants européens (Tony Blair, Royaume-Uni ; José Maria Aznar, Espagne ; Silvio Berlusconi, Italie ; José Manuel Barroso, Portugal ; Peter Medgyessy, Hongrie ; Leszek Miller, Pologne ; Anders Fogh Rasmussen, Danemark ; Vaclav Havel, république tchèque) publient dans douze journaux, à l'initiative du *Wall Street Journal*, un texte de soutien à l'administration Bush. Ce document est destiné à affaiblir l'axe franco-allemand opposé à la guerre.

5 février. - Dans une déclaration devant le Conseil de sécurité de l'ONU, destiné à présenter les « preuves » américaines contre l'Irak, le secrétaire d'État Colin Powell affirme : « Chers collègues, tout ce que je dis aujourd'hui est conforté par des sources, des sources solides. Il n'y a pas d'hypothèses. Ce que nous vous donnons, ce sont des faits et des conclusions fondées sur du renseignement solide. […] Je voudrais attirer l'attention de mes collègues sur le document excellent que le Royaume-Uni a distribué [le

3 février], qui décrit en détail les tricheries irakiennes. »

6 février. - Pour l'Irak, « le jeu est terminé », déclare George W. Bush.

La chaîne de télévision britannique Channel 4 révèle que le document diffusé le 3 février par le gouvernement britannique pour conforter ses allégations contre l'Irak (*Iraq, its Infrastructure of Concealment Deception and Intimidation*), est pour une très large part copié sur la thèse d'Ibrahim Al-Marashi, chercheur californien originaire d'Irak, déjà publiée en résumé dans la revue *Meria* (*Middle East Review of International Affairs*) en septembre 2002. Les données sur lesquelles se fonde le document datent du début des années 1990. Les services du Premier ministre admettent immédiatement la supercherie.

8 février. - Des avions américains et britanniques attaquent un système de commandement mobile à Al Kut.

10 février. - Des avions américains attaquent un système sol-air à Bassorah.

Aux côtés de Vladimir Poutine en visite à Paris, Jacques Chirac affirme à propos de l'Irak : « Cette région n'a vraiment pas besoin d'une guerre supplémentaire. »

Afin de ne pas accréditer l'idée que la guerre serait déjà décidée contre l'Irak, la France, l'Allemagne et la Belgique opposent leur veto à l'aide militaire que les États-Unis demandent à l'OTAN en faveur de la Turquie.

L'Irak accepte que des avions espions U2 survolent son territoire durant les visites des inspecteurs de la COCOVINU. L'Irak propose également que des avions français et russes participent au survol.

Index

Table

_____

BUSSIÈRE CAMEDAN IMPRIMERIES

GROUPE CPI

Composition Facompo, Lisieux
Impression réalisée sur Cameron
à Saint-Amand-Montrond (Cher)
en février 2003.
Dépôt légal : mars 2003.
N° d'impression : 030923/1
Imprimé en France